ENCYKLOPEDIA OKRĘTÓW WOJEI
MAREK CIEŚLAK

LEKKI KRĄŻOWNIK
LEIPZIG

AJ-PRESS

ENCYKLOPEDIA OKRĘTÓW WOJENNYCH® 41

AJ – PRESS
ul. Chrobrego 32
80-423 GDAŃSK
tel./fax: (+48-58) 344 99 73
tel. kom.: 0-601 31 18 77
www: http://aj-press.com
e-mail: sklep@aj-press.com

Red. nacz. serii: **Adam Jarski**
Redakcja: **Wawrzyniec Markowski**
Proj. graf. okładki
i strony tytułowej: **Adam Jarski**
Rys. na okładkę: **Grzegorz Nawrocki**
Tłumaczenie: **Leszek Erenfeicht**
Plansze barwne: **Sławomir Zajączkowski**
Rysunki: **Witold Koszela**
Skład: **Tadeusz Skwiot,
Katarzyna B. Kwiatkowska**
Korekta: **Katarzyna B. Kwiatkowska**

Druk: **Drukarnia POZKAL**,
ul. Cegielna 10/12,
88-100 Inowrocław
tel. (0–52) 354 27 00

**Dystrybucja
krajowa
i zagraniczna:** AJ–PRESS
ul. Chrobrego 32
80-423 Gdańsk
tel./fax (0–58) 344 99 73
sklep@aj-press.home.pl

IBG sc
ul. Znicza 21
Warszawa
tel./fax (0-22) 610 86 95

Księgarnia PELTA
ul. Świętokrzyska 16
00-950 Warszawa
tel. (22) 828-57-78

**Dystrybucja
zagraniczna:** INTERMODEL
267 24 Hostomice,
Nadrazni 57
tel/fax: +420–311 584 825
intermodel@atlas.cz
CZECH REPUBLIC

„AIRCONNECTION"
Box 21327
R.P.O Meadowvale
Mississauga ON
L5N 6A2 CANADA
phone: (+1) 905 785–0016
fax: (+1) 905 785–0582
sale@airconnection.on.ca
*wyłączność na terenie
USA i Kanady*

ISBN 83– 7237– 144 – X
PRINTED IN POLAND
dwieście czterdziesta dziewiąta
publikacja AJ-Pressu

**COPYRIGHT
© AJ–PRESS, 2004**

Wszelkie prawa zastrzeżone. Żadna część tej publikacji nie może być kopiowana w żadnej formie ani żadnymi metodami mechanicznymi i elektronicznymi, łącznie z wykorzystaniem systemów przekazywania i odtwarzania informacji bez pisemnej zgody właściciela praw autorskich. Nazwy serii wydawniczych oraz szata graficzna a także nazwa i znak firmy są zastrzeżone w UP RP.

All rights reserved. No part of this publication may be reproduced, stored in a retrieval system or transmitted in any form by any means electrical, mechanical or otherwise without written permission of the publisher. Names of all series, layout and logo are trademarks registered in UP RP and are owned by AJ–PRESS.

Na okładce: Zgrupowanie niemieckich okrętów w tzw. Baltenflotte we wrześniu 1941 roku, na pierwszym planie krążownik *Leipzig*, za nim krążownik *Nürnberg* / malował Grzegorz Nawrocki

On the cover: *German naval group, the so-called Baltenflotte, September 1941. Cruiser Leipzig in the foreground with cruiser Nürnberg trailing her. / artwork by Grzegorz Nawrocki*

Polecamy:

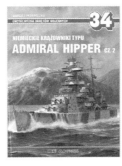   

W Twojej miejscowości nie możesz kupić naszych książek? Zamów je wysyłkowo:
tel./fax (058) 344-99-73

Zapraszamy też do korzystania z naszej księgarni internetowej pod adresem:
http://aj-press.home.pl

W przygotowaniu

Monografie Lotnicze:
nr 60 Bell P–39, P–63
cz. 3 (ostatnia)
nr 88 B–24 Liberator
cz. 3 (z czterech)

Tankpower:
nr 8 PzKpfw V Panther vol. 8
nr 12 Japońska broń pancerna
vol. 4 (ostatni)

Malowanie i Oznakowanie:
nr 6 i 7 Luftwaffe 1935–45 cz. 6 i 7

Encyklopedia
Okrętów Wojennych:
nr 26 Grom i Błyskawica cz. 3 (z czterech!)
nr 35 Niemieckie krążowniki typu Admiral Hipper cz. 3 (ostatnia)
nr 37 Big Five cz. 2 (z trzech)
nr 40 Taiho cz. 2 (ostatnia)

Bitwy i Kampanie:
nr 3 Polska Marynarka Wojenna w 1939 r. cz. 2 (ostatnia)
nr 5 Korea 1950–53. Działania lotnicze
nr 15 Stalowe drapieżniki
nr 16 Tajemnice Scapa Flow
nr 17 W lodach i ogniu. Bitwy konwojowe na północnej trasie

Krążownik *Leipzig*

Konstrukcja okrętu

Dokumentacja krążownika „E" powstała w roku 1927, a jej autorem był starszy radca budowy okrętów Blechschmidt. Ponieważ w tym czasie nadal obowiązywały postanowienia Traktatu Wersalskiego (wyporność nowych okrętów ograniczona była do 6000 ts), to projekt powstał w oparciu o niewielką modyfikację założeń przyjętych przy projektowaniu poprzedniej serii krążowników (typu *Königsberg*). Nowa jednostka, nieznacznie dłuższa i szersza, posiadała bardziej wychyloną dziobnicę, a pawężową rufę zastąpiono w niej typową rufą krążowniczą.

Zachowany został podział wewnętrzny kadłuba i rozkład pomieszczeń. Dzięki zmniejszeniu liczby kotłowni możliwe było ujęcie spalin w jeden szeroki komin. W ten sposób *Leipzig* stał się pierwszym jednokominowym krążownikiem w niemieckiej flocie.

Wieże artylerii głównej umieszczono w osi symetrii kadłuba, zachowując układ zastosowany na wcześniejszych krążownikach (jedna na dziobie i dwie na rufie).

Zmodyfikowano system opancerzenia — zrezygnowano ze skosów pokładu pancernego, a burty z pasem pancernym częściowo przykryto „bąblem" poszycia. Nowy krążownik, tak jak i jego poprzednicy, posiadał słabą konstrukcję wiązań kadłuba. Zachowano za to mieszany system napędu, ale w tym przypadku silniki spalinowe otrzymały swój „własny", środkowy wał napędowy.

Koszty budowy wyniosły 38.000.000 RM (w tym koszt trzech wież artyleryjskich — 3.723.246 RM).

Kadłub

Kadłub okrętu został zbudowany w systemie zładu wzdłużnego. Techniką spawania wykonano 90% połączeń. Podwójne dno rozciągało się na 83% długości okrętu. Lekko wychylona dziobnica przechodziła w stępkę zgrubieniem (nie była to gruszka dziobowa!) w kształcie zaoblonego cylindra. Krążownicza rufa, z dużym nawisem, osłaniała podwieszony ster i trzy wały śrubowe.

Wzdłuż burt — na wysokości śródokręcia — naspawane były stępki przechyłowe. Ukośne (w stosunku do

▼ *Leipizg* sfotografowany latem 1935 roku w jednym z portów na Bałtyku / ADM

▼ *Cruiser Leipzig in one of the Baltic ports, summer of 1935* / ADM

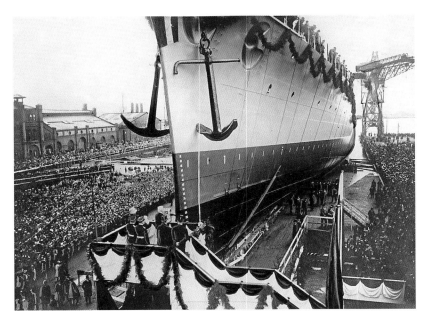

▲◀▶ W dniu 18 października 1929 roku w Wilhelmshaven w Stoczni Marynarki Wojennej na pochylni numer 1 odbyła się uroczysta ceremonia chrztu krążownika typu „E" (Ersatz *Amazone*) / CAW

▲◀▶ A naming ceremony for the E-Class Cruiser (Ersatz-Amazone), christened Leipzig, was held on October 18, 1929, at the No.1 slipways of the Kriegsmarine Shipyard in Wilhelmshaven / CAW

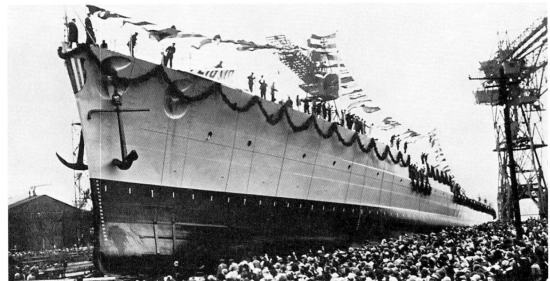

▲▲▶ Kolejne ujęcia z uroczystego wodowania krążownika *Leipzig* — 18 października 1929 roku / CAW

▲▲▶ *Another shot from the cruiser Leipzig naming ceremony, October 18, 1929 / CAW*

▲ *Leipzig* podczas prac wyposażeniowych w basenie budowlanym (Bauhafen) w Wilhelmshaven w 1931 roku / W. Schultz

▲ *Cruiser Leipzig during the fitting-out at the Construction Wharf (Bauhafen) in Wilhelmshaven, 1931* / W. Schultz

płaszczyzny linii wodnej) burty, do wysokości pokładu pancernego osłonięte dodatkowym, „bąblowym" poszyciem, tworzyły charakterystyczne przewężenie na wysokości pokładu pancernego. Powyżej, burty — nadal skośne — przechodziły łagodnym łukiem w pokład główny. Na burtach w części rufowej zamontowano składane osłony śrub.

Stępkę, przebiegającą od stewy do stewy, wykonano z teownika o szerokości 300 mm i grubości 18 mm. Równolegle, po obu stronach stępki, zamontowano po trzy wręgi wzdłużne, uzupełnione 48 wzdłużnikami. Rozstaw 164 wręg wynosił 1500 mm.

Piętnaście grodzi wodoszczelnych o grubości 20 mm, sięgających do pokładu pancernego, dzieliło wnętrze kadłuba na szesnaście przedziałów wodoszczelnych. Dzięki temu podziałowi, w dnie podwójnym i w podwójnych burtach utworzone zostały komory wodoszczelne, służące jako zbiorniki paliwa, wody kotłowej i użytkowej, które równocześnie stanowiły ochronę w przypadku uszkodzeń poniżej linii wodnej. Ochrona ta została wzmocniona przez odpowiedni system opancerzenia.

Kadłub posiadał następujące przedziały:
- przedział I: urządzenie sterowe, magazyn głowic torpedowych
- przedział II: komory amunicyjne wieży C i dział 88 mm, chłodnia
- przedział III: komory amunicyjne wieży B
- przedział IV: silniki spalinowe, pomieszczenie urządzeń pomocniczych, elektrownia I (PB) i II (LB)
- przedział V: turbinownia I (wał LB)
- przedział VI: pomieszczenie przekładni turbin
- przedział VII: turbinownia II (wał PB)
- przedział VIII: zbiorniki oleju opałowego (przy burtach), magazyn (LB), amunicja 88 mm (PB)
- przedział IX: kotłownia I
- przedział X: kotłownia II
- przedział XI: kotłownia III
- przedział XII: system przeciwprzechyłowy
- przedział XIII: chłodnia, pomieszczenia przetwornic I i II, główne stanowisko dowodzenia, centrala artyleryjska, elektrownia III
- przedział XIV: komory amunicyjne wieży A, chłodnia
- przedział XV: magazyny
- przedział XVI: pomieszczenie echosondy oraz magazyny.

W płaszczyźnie horyzontalnej kadłub podzielony był następująco: dno podwójne, poziom sztauerski, pokład dolnej platformy, pokład platformy, międzypokład, pokład pancerny, pokład główny (górny), pokład dziobowy.

Opancerzenie

Pokład pancerny o grubości 20 mm był przy burtach półkoliście zagięty i osiągał w tym miejscu grubość 25 mm. Nad komorami amunicyjnymi grubość płyt dochodziła do 40 mm. Pancerz burtowy był skośny (18°) oraz częściowo przykryty „bąblowym" poszyciem burt. W środkowej części kadłuba pas pancerny miał grubość 50 mm. Grubość pasa zmniejszała się stopniowo w kierunku dziobu do 18 mm, a w kierunku rufy do 35 mm. Na linii wodnej w rejonie śródokręcia przebiegał dodatkowy, wąski pas o grubości 15 mm. Taki system opancerzenia obejmował ponad 70% długości okrętu.

Płyty pokładu pancernego i pancerza burtowego, wykonane ze stali niklowej Kruppa, przynitowano do poszycia.

Dwupoziomowe stanowisko dowodzenia o średnicy 3,85 m opancerzono następująco: dach 100 mm, ściana czołowa 50 mm, pozostałe ściany 30 mm. Ściany szybu do centrali artyleryjskiej miały grubość 50 mm.

Opancerzenie wież artylerii głównej: dach 20–32 mm, front 80 mm, ściany boczne 20 mm, ściana tylna i podłoga 32 mm, barbety 60 mm.

Opancerzenie marsa foka: ściany pionowe 20 mm, płaszczyzny poziome 15 mm.

Opancerzenie dalmierza na dachu dziobowego stanowiska dowodzenia: ścianki pionowe i poziome 20 mm; stanowiska kierowania ogniem przeciwlotniczym 14 mm.

Masa ogólna pancerza wynosiła 774 tony (bez wież).

Napęd

Leipzig, podobnie jak krążowniki typu *Königsberg*, posiadał napęd kombinowany. Dwa zespoły turbin pracowały poprzez przekładnie zębate na dwa wały burtowe; cztery silniki spalinowe obracały wał środkowy (poprzez centralną przekładnię hydrauliczną). Podobnie jak w poprzedniej serii krążowników typu „K", przełączenie napędu wymagało zastopowania! Wyposażenie maszynowni i kotłowni uzupełniały urządzenia i agregaty pomocnicze.

Dwa zespoły turbin parowych typu Curtis, z dwustopniowymi przekładniami zębatymi, produkcji stoczni Germania w Kilonii, wraz z pompami zasilającymi i wirówkami oleju napędowego, rozmieszczono w dwóch turbinowniach oraz oddzielnym przedziale przekładni. Każdy zespół złożony był ze stopnia wysokiego i dwóch stopni niskiego ciśnienia (w jeden ze stopni niskiego ciśnienia wbudowana była turbina biegu wstecznego).

Sześć dwustronnych kotłów typu „Marine" rozmieszczono po dwa: w kotłowni I (przedział IX), kotłowni II (przedział X) i kotłowni III (przedział XI) wraz z podgrzewaczami oleju opałowego, pompami zasilającymi i systemem cyrkulacji powietrza.

Dwa kotły pomocnicze, wytwarzające parę podczas postoju w porcie, umieszczono w pokładówce na górnym pokładzie.

W skład wyposażenia kotłowni wchodziły również dwa odświeżacze wody zasilającej kotły, podgrzewacze i pompy zasilające.

Cztery siedmiocylindrowe, dwusuwowe silniki wysokoprężne MAN typu M 7Z 30/44 z centralną przekładnią hydrauliczną typu *Vulcan* rozmieszczone zostały w jednej silnikowni.

Dwa siedmiocylindrowe, dwusuwowe silniki wysokoprężne MAN typu M 7Z 23/34, służące jako silniki pomocnicze, zamontowane były w dwóch pomieszczeniach silników pomocniczych na lewej i prawej burcie.

Zewnętrzne wały napędowe zakończone były trójpiórowymi śrubami o średnicy 4,25 m, wał wewnętrzny obracał trójpiórową śrubę nastawną o średnicy 3,00 m. Okręt rozwijał prędkość 31,9[1] węzła przy pomocy turbin (wały zewnętrzne) i prędkość 16,5 węzła przy pomocy silników marszowych (wał środkowy).

Ster podwieszony umieszczono w osi symetrii okrętu, za śrubami napędowymi. Okręt wyposażony był w jedno urządzenie sterowe napędzane przez dwa silniki elektryczne. Mogły być one używane rozdzielnie przy pracy turbin i silników marszowych.

Podczas pracy środkowego wału obie śruby zewnętrzne były również obracane przy pomocy silnika elektrycznego (co dawało oszczędności szacowane na 2500 KM!).

Elektrownia

Początkowo energię elektryczną (prąd stały o napięciu 220 V) wytwarzały:
- dwie zasilane parą turboprądnice o mocy po 250 kW,
- cztery prądnice spalinowe produkcji MWM o mocy po 90 kW.

Ich łączna moc wynosiła 860 kW.

Duża liczba przetworników zmniejszających napięcie do 24 lub 60 V prądu stałego umożliwiała, poprzez rozdzielnie (dwie na rufie, jedna na dziobie), pracę reflektorów, sieci telefonicznej oraz urządzeń przekazujących meldunki i rozkazy.

Przetworniki na prąd zmienny umożliwiały, między innymi, pracę żyrokompasów i urządzenia demagnetyzacyjnego.

Turboprądnice — oznaczone jako elektrownie I i II — znajdowały się w oddzielnych pomieszczeniach w przedziale IV, na rufie. Cztery generatory spalinowe (Diesla) były w elektrowni III, w przedziale XII (na dziobie).

[1] Rezultaty na mili pomiarowej — moc na wałach: 65.585 KM, 309 obrotów/minutę = 31,90 węzła.

▼ *Leipzig sfotografowany w 1931 roku, prawdopodobnie podczas jednej z kilku prób stoczniowych, o czym świadczy brak dalmierza na rufie okrętu. Okręt przed wcieleniem do służby w Reichsmarine / CAW*

▼ *Cruiser Leipzig photographed in 1931, probably during the sea trials (note lacking rear rangefinder). At that time she was still prior to the commission in the Reichsmarine / CAW*

Wyposażenie elektrowni podczas służby okrętu uległo zmianom; w chwili wybuchu wojny energię elektryczną wytwarzały (rozmieszczone w trzech elektrowniach):
- trzy turboprądnice o mocy po 180 kW,
- jedna prądnica spalinowa o mocy 180 kW.

Ich łączna moc wynosiła 720 kW.

Urządzenia pomocnicze

- dwie chłodnie w przedziałach III i XIII
- jedno elektryczne urządzenie sterowe z dwoma silnikami, mechanizm ręcznego obrotu steru w przedziale II
- jedna sprężarka powietrza
- instalacja wody pitnej i użytkowej z podgrzewaczami i pompami cyrkulacyjnymi
- instalacja wody zaburtowej z pompami
- system przeciwpożarowy z pompami i wytwornicami piany
- system osuszający z pompami parowymi i elektrycznymi oraz przenośną pompą ssącą
- system wentylacyjny (nawiewu powietrza do pomieszczeń załogowych, bojowych i kotłowni)
- wyposażenie kuchni i piekarni
- wyposażenie pralni
- wyposażenie warsztatów pokładowych i kuźni.

Zbiorniki i komory dna podwójnego oraz burt

W zbiornikach rozmieszczonych w podwójnym dnie i burtach zmagazynowano 1200 ton oleju opałowego do opalania kotłów, 310 ton oleju napędowego do silników Diesla oraz odpowiednie ilości olejów smarnych i schładzających. W komorach znajdowało się też 310 m^3 wody kotłowej, 77 m^3 wody użytkowej i 30 m^3 wody pitnej.

Uzbrojenie w dniu wejścia do służby

Artyleria główna

Dziewięć dział 150 mm rozmieszczono w trzech wieżach w osi symetrii okrętu. Działa konstrukcji firmy Rheinmetall-Borsig nosiły oznaczenie SK 15 cm L/60, C/25 i umieszczone były na potrójnych lawetach C/25. Wieża A „Dresden" znajdowała się na pokładzie dziobowym, wieża B „Leipzig" na rufowym pokładzie nadbudowy, wieża C „Nürnberg" na pokładzie rufowym. Wszystkie wieże, od początku służby okrętu do chwili zatopienia, nosiły tablice z herbami krążowników eskadry wiceadmirała Maksymiliana von Spee.

Wieże obracał napęd elektryczny, lufy podnoszone były (rozdzielnie lub wspólnie) przy pomocy układu hydraulicznego. Amunicję (pociski oraz łuski) dostarczano z komór amunicyjnych przez hydrauliczne podnośniki. W najwyższym położeniu następował rozdział na trzy pochylnie (ześlizgi), prowadzące do pionowych, klinowych zamków dział. Załadunek odbywał się ręcznie.

Wyposażenie wieży obejmowało również:
- rezerwowe, ręczne urządzenie do podnoszenia i obrotu luf
- rezerwowy, elektryczny podnośnik amunicyjny[2]
- peryskop do okrężnej obserwacji na dachu wieży, umożliwiający prowadzenie samodzielnego ognia

▲ Świadectwo pomiarowe — jeden z najważniejszych dokumentów każdego okrętu / via Autor

▲ Tonnage certificate – one of the most important documents for every ship, be it merchantman or a man-o-war / via Author

▶ Komandor M. Strobwasser, pierwszy dowódca krążownika / via Autor

▶ Captain M. Strobwasser, first commanding officer of the cruiser / via Author

[2] Po kolizji z *Prinz Eugenem*, podczas strzelań z portu gdyńskiego w lutym i marcu 1945 roku amunicję dostarczały tylko te rezerwowe podnośniki.

◀ Uroczysta ceremonia podniesienia bandery na krążowniku *Nürnberg* — z pewnością bardzo podobna do tej na *Leipzigu*/ CAW

◀ Flag hoisting ceremony on board of the newly built cruiser *Nürnberg* — it must have looked pretty similar to that on board of *Leipzig* / CAW

w wypadku awarii centralnych przyrządów kierowania ogniem
* wyciąg (zasysacz) gazów prochowych
* wyrzutnik pustych łusek
* przysłony szczelin celowniczych
* mosiężne pokrywki do zaślepiania otworów luf (np. podczas remontów).

Obsadę stanowili: dowódca wieży, trzech dowódców dział i 27 artylerzystów.

Dane działa
* kaliber nominalny — 150 mm
* kaliber rzeczywisty — 149,1 mm
* masa działa z zamkiem — 11,97 t
* długość całkowita — 9080 mm (60 kalibrów)
* długość luf — 8570 mm (57,5 kalibru)
* długość komory nabojowej — 1390 mm
* pojemność komory nabojowej — 27,7 m^3
* żywotność lufy — 500 strzałów
* siła odrzutu przy kącie wzniosu 0° — 52 t
* prędkość wylotowa pocisku — 960 m/s
* długość bruzd — 7067 mm
* głębokość bruzd — 1,75 mm

▼ Przekroje poprzeczne na wybranych wręgach kadłuba oraz układ wzmocnień konstrukcyjnych / W. Schultz

▼ Cross-sections of the hull at the selected frames and the construction strengthening system / W. Schultz

▼ Schematyczny plan siłowni okrętu

▼ Schematic plan of the ship's power-plant

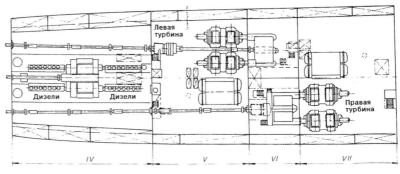

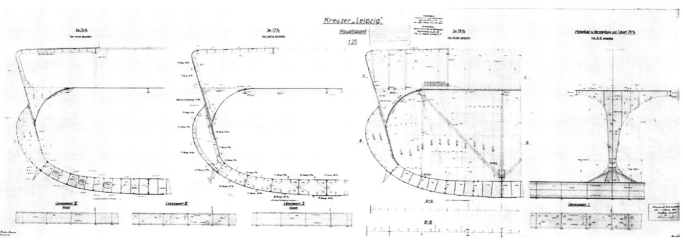

▲ Krążownik w początkowym okresie służby — brak jest jeszcze dalmierza rufowego, który został zamontowany dopiero 9 maja 1932 roku w stoczni w Wilhelmshaven / S. Breyer

▲ Cruiser Leipzig shortly after commission – the still missing rear rangefinder was finally fitted on May 9, 1932 at the Wilhelmshaven Naval Shipyard / S. Breyer

▼ Na zdjęciu z 1932 roku widać, że na krążowniku nie zainstalowano jeszcze systemu kierowania ogniem przeciwlotniczym SL–1 / via Autor

▼ This 1932 snapshot shows cruiser Leipzig still without the SL–1 anti-aircraft fire directing system / via Author

- szerokość bruzd 6,14 mm
- ilość i typ bruzd 44/paraboliczne
- masa pocisku 45,5 kg
- typ zapalnika C/27
- ładunek miotający 20,4 kg typ RPC/32 lub RPC/38
- kąt podniesienia luf –10° do +40°
- maksymalny zasięg przy kącie podniesienia +40° 25.700 m

Dane balistyczne

Maksymalny zasięg pocisku przy użyciu 19,3 kg ładunku miotającego C/32 wynosił 25.700 m przy kącie podniesienia luf +40°. Natomiast przy kącie podniesienia 10° zasięg wynosił 14.100 m. Z zapalnikiem czasowym pociski przebijały pancerz do 60 mm z odległości 3200 m, a z odległości 11.200 mm już tylko pancerz 20 mm.

Szczegółowe dane techniczne dział artylerii głównej zostały zamieszczone w tekście powyżej.

Laweta

Na krążowniku *Leipzig* zastosowano trzydziałowe wieże obrotowe typu LC/25. W sytuacji braku zasilania w energię elektryczną wieża mogła być obracana ręcznie. Do podawania pocisków z komory amunicyjnej do wież służyły dwa podajniki o napędzie hydraulicznym, podajnik rezerwowy miał napęd elektryczny. Działo środkowe i prawe obsługiwał jeden podajnik umieszczony pomiędzy tymi działami. Drugi służył do obsługi działa lewego. Przemieszczanie pocisków oraz kartuszy z podajników do zamka, jak i dopychanie oraz zamykanie zamka wykonywano ręcznie.

Wieża trzydziałowa typu LC/25

- masa całkowita 136,91 t
- masa kołyski 2440 kg
- masa podstawy 54.260 kg
- masa urządzeń celowniczych 3,5 t
- masa napędu 11,12 t
- masa opancerzenia 24,80 t
- opancerzenie wieży:
  płyta czołowa 30 mm
  ściany boczne 20 mm
  dach i tył 20 mm
- szybkość podnoszenia lufy (elektr.) 6°/s
- szybkość obrotu lufy (elektr.) 6–8°/s

Do dział typu 15 cm L/60 C/25 używano pocisków burzących o zapalniku czołowym i przeciwpancernych o zapalniku dennym. Oto dane techniczne pocisków:

- masa pocisku 45,5 kg
- masa materiału wybuchowego:
  zapalnik czołowy 3,892 kg
  spłonka 3,058 kg
  przeciwpancerny 0,885 kg
- typ materiału wybuchowego Fp 02

- długość pocisku:
  - spłonka   0,68 m
  - zapalnik czołowy   0,65 m
  - przeciwpancerny   0,55 m
- masa łuski   33,4 kg
- długość łuski   119,2 cm
- zapas pocisków   120 na armatę

Artyleria przeciwlotnicza

Dwa działa konstrukcji Kruppa 88 mm L/45 C/13, na pojedynczych lawetach MPL C/13, umieszczone zostały w osi symetrii okrętu na rufowym pokładzie nadbudowy, pomiędzy wieżą B oraz rufowym stanowiskiem dowodzenia. Mogły one prowadzić ogień również do celów morskich[3].

Według pierwotnego projektu przewidywano montaż czterech dział kalibru 88 mm L/75 C/25 na zdwojonych lawetach C/25 (zamontowanych wcześniej w celu testów na krążowniku *Köln*). Lawety te nie sprawdziły się — miały za małą szybkość obrotu w płaszczyźnie horyzontalnej i za małą szybkość zmiany kąta podniesienia luf.

Dane działa
- kaliber   8,8 cm
- masa luf (komplet)   1230 kg
- długość całkowita   3960 mm
- długość lufy   3706 mm
- długość zamka   530 mm
- pojemność zamka   3,67 dm^3
- długość bruzd w lufie   3109,5 mm
- ilość bruzd   32
- głębokość i szerokość bruzd   1,05 × 5,4 mm
- masa pocisku   9 kg
- ładunek miotający   2,82 kg
- prędkość wylotowa pocisku   790 m/s
- ciśnienie robocze w lufie podczas wystrzału   2750 kg/cm^2
- żywotność lufy efektywna   7000 strzałów
- maksymalny zasięg   14.175 m
  przy kącie podniesienia   +43,5°
- pułap   9700 m
  przy kącie podniesienia   +80°

Dwa działka konstrukcji Rheinmetall-Borsig kalibru 37 mm L/83 C/30, na pojedynczych lawetach MPL C/30, umieszczone zostały na pokładzie łodziowym, z obu burt, przy rufowym stanowisku dowodzenia. Broń, obsługiwana ręcznie, posiadała półautomatyczny zamek, co zapewniało, pomimo braku magazynka, stosunkowo dużą szybkostrzelność. Naprowadzanie umożliwiał odbiornik danych z przyrządu kierowania ogniem SL–1.

Dane techniczne dział 3,7 cm SKC 30
- kaliber   3,7 cm
- masa luf (komplet)   243 kg
- długość całkowita   3074 mm
- długość lufy   2960 m
- długość zamka   357 mm

---

[3] W 1934 zamontowano dwa dodatkowe działa 88 mm L/45 C/13 na pojedynczych lawetach MPL C/13: na pokładzie nadbudowy, z obu stron rufowego stanowiska dowodzenia.

Leipzig — kolejne zdjęcie z 1932 roku, na którym nadal nie widać zamontowanego systemu kierowania ogniem przeciwlotniczym SL–1 / via Autor

Another 1932 photograph of the cruiser *Leipzig* – still showing her without the SL–1 anti-aircraft fire director / via Author

- pojemność zamka 0,5 dm³
- długość bruzd w lufie 2554 mm
- ilość bruzd 16
- głębokość i szerokość bruzd 0,55 × 4,76 mm
- masa pocisku 0,742 kg
- ładunek miotający 0,365 kg RPC/32 N
- prędkość wylotowa pocisku 1000 m/s
- ciśnienie robocze w lufie podczas wystrzału 2950 kg/cm²
- żywotność lufy efektywna 7500 strzałów
- maksymalny zasięg 8500 m przy kącie podniesienia +35,7°
- zasięg maksymalny: przeciw celom powietrznym 6800 m przy kącie podniesienia +85° przy pociskach smugowych 4800 m
- szybkostrzelność: teoretyczna 160 strz./min. praktyczna 80–100 strz./min.
- kąt podnoszenia luf –10° do +85°

W 1933 zainstalowano podwójne lawety C/30.

Dwa działka konstrukcji Rheinmetall-Borsig kalibru 20 mm L/65 C/30, na pojedynczych lawetach MPL C/30 (początkowo oznaczane MG C/30), zamontowano powyżej pomostu admiralskiego (nocnego stanowiska dowodzenia), po bokach rurowego masztu bojowego — fokmasztu. Broń naprowadzana była ręcznie. Przesuwny trzpień regulacji wysokości umożliwiał strzelcowi szybką zmianę kąta podniesienia. Magazynek zawierał dwadzieścia pocisków.

Dane działa 2,0 cm C/30
- kaliber 2,0 cm
- masa działka 64 kg
- masa lufy 18 kg
- długość całkowita 1300 mm
- długość części wiodącej 1159,4 mm
- długość zamka 121,5 mm
- pojemność zamka 0,048 dm³
- długość bruzd w lufie 720 mm
- ilość bruzd 8
- masa pocisku 0,134 kg
- prędkość wylotowa pocisku 875 m/s
- ciśnienie robocze w lufie podczas wystrzału 2800 kg/cm²
- żywotność lufy efektywna 22.000 strzałów
- maksymalny zasięg 4900 m
- pułap 3700 m

Uzbrojenie uzupełniały dwa działka desantowe na lawetach kołowych oraz pistolety maszynowe i rewolwery.

Wyrzutnie torpedowe

Dwanaście rur torpedowych kalibru 500 mm rozmieszczono w czterech potrójnych zespołach (po dwa zespoły przy burtach) w rejonie śródokręcia. Zespoły nosiły nazwy nawiązujące do tradycji niemieckiej marynarki wojennej: „Tanga", „Togo", „Kamerun" oraz „Samoa". Okręt zabierał 24 torpedy typu G 7 w wersji 10 lub 11 (12 w wyrzutniach i 12 zapasowych).

Środki defensywne
- trały minowe z pływakami
- fumatory.

Lotnictwo pokładowe i broń minowa

W 1938 roku na krążowniku testowano amerykański samolot pływakowy Vought V 85 G *Corsair* (oznaczony w Niemczech jako „Kurier").

W okresie późniejszym (przed wrześniem 1939 roku) krążownik przystosowano do transportu 120 min morskich na górnym pokładzie, posadowionych na rozkładanych torach (zakończonych zrzutniami).

Program wzmocnienia uzbrojenia przeciwlotniczego z 1944 r. (którego nie zrealizowano) zakładał montaż:
- czterech działek kalibru 40 mm Bofors 28 na pojedynczych lawetach

▼ Po raz pierwszy okręt wszedł do portu w Swinemünde (Świnoujście) w dniu 18 listopada 1932 roku / NHC

▼ Cruiser Leipzig first entered the Swinemünde (now Swinoujscie in Poland) on November 18, 1932 / NHC

▲ *Leipzig* podczas przejścia przez Kanał Kiloński / S. Breyer

▲ *Cruiser Leipzig passing the Kiel Channel* / S. Breyer

- czterech działek kalibru 37 mm M 42 na zdwojonych lawetach LM 42
- ośmiu działek kalibru 20 mm C/38 na zdwojonych lawetach LM 44.

Przyrządy kierowania ogniem
- Artyleria główna: trzy dalmierze o bazie sześciu metrów, produkcji firmy Carl Zeiss z Jeny (jeden na dachu stanowiska dowodzenia, jeden na szczycie fokmasztu i jeszcze jeden na rufowym stanowisku dowodzenia).
- Artyleria średnia kalibru 88 mm (przeciwlotnicza): przyrząd SL–1 (stabilizowany trójosiowo, sprzężony z dalmierzem o bazie trzech metrów) zamontowany na pokładówce rufowej (po roku od chwili wejścia okrętu do służby).
- Artyleria kalibru 37 mm i 20 mm (przeciwlotnicza): przenośne dalmierze o bazie jednego metra.
- Wyrzutnie torpedowe (również artyleria przeciwlotnicza): dwa dalmierze o bazie trzech metrów (z obu stron fokmasztu).

▼▶ Widok na śródokręcie. Na dolnym zdjęciu od prawej nadbudówka z masztem bojowym, komin, zespół prawoburtowych (rufowych) rur torpedowych, system SL–1 oraz rufowy dalmierz / S. Breyer

▼▶ *General view of the cruiser Leipzig amidships. Lower photo, right to left: forward superstructure with a battle mast, smokestack, right side rear torpedo launching tubes, SL–1 anti-aircraft fire-director, and rear rangefinder* / S. Breyer

▶ *Leipzig w doku, widać doskonale herb na dziobie, zgrubienie przy stępce oraz kluzy kotwiczne* / S. Breyer

▶ *Cruiser Leipzig in dry dock. Note the ship's crest on the prow, bulge at the keel, and hawsepipes* / S. Breyer

▼ *Zdjęcie wykonane około 1933 roku — okrętowi brak jeszcze katapulty dla wodnosamolotu He 60* / via Autor

▼ *This photo was taken around 1933 — the ship still lacks the Heinkel He 60 floatplane catapult* / via Author

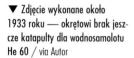

- Pięć reflektorów produkcji firmy Siemens & Schuckert (średnica parabolicznego zwierciadła 110 cm) — po dwa na słupowych podestach z obu stron komina, jeden na platformie fokmasztu (poniżej marsa). Podczas wojny liczbę reflektorów zredukowano do dwóch — po jednym na podestach przy kominie.

Środki sygnalizacyjne

Optyczne:
- flagi kodu sygnałowego
- flagi sygnalizacji ręcznej
- stożki wychylenia pióra steru
- dwa reflektory sygnalizacyjne (z obu burt na pokładzie sygnałowym)
- rakietnice
- kule podnoszone podczas postoju na kotwicy i podczas ruchu okrętu
- flagi szybkiej zmiany kursu (zwrotu)

Dźwiękowe:
- gwizdki
- rogi mgłowe
- syreny i buczki parowe

Środki łączności

W przedziale radiostacji (przedział XI na pokładzie platformy) zainstalowano:
- jeden nadajnik długofalowy firmy Telefunken o mocy 1 kW, typu Spezial 490 S
- jeden odbiornik długofalowy firmy Telefunken o mocy 1 kW, typu Spezial 464 S
- jeden nadajnik krótkofalowy firmy Telefunken o mocy 1 kW, typu Spezial 486 S
- jeden nadajnik krótkofalowy firmy Telefunken o mocy 1 kW, typu Spezial 487 S
- jeden nadajnik krótkofalowy firmy Telefunken o mocy 1 kW, typu Spezial 488 S
- jeden nadajnik krótkofalowy firmy Telefunken o mocy 0,4 kW, typu Spezial 489 S
- dwa odbiorniki krótkofalowe firmy Telefunken, typu Spezial 516 S
- jedną rozgłośnię okrętową firmy Telefunken, typu Spezial 783 S.

W kabinie odbiorczej (pokład nadbudowy, pod rufowym stanowiskiem dowodzenia), zamontowano:
- dwa odbiorniki długofalowe firmy Telefunken, typu Spezial 464 S
- trzy odbiorniki krótkofalowe firmy Telefunken, typu Spezial 516 S
- jeden radionamiernik firmy Telefunken, typu Spezial 1144 N (do namiarów nawigacyjnych i taktycznych)
- jeden aparat radiowy firmy Owin, typu L 73 W
- jeden odbiornik długofalowy firmy Telefunken, typu E 381 H.

▲ Podobne ujęcie. Krążownik nie ma ani katapulty, ani ciężkiego dźwigu do obsługi wodnosamolotów / via Autor

▲ *Similar shot of Leipzig. Note that she has no floatplane catapult nor heavy aircraft servicing lift* / via Author

▲ *Leipzig*, lata 1933–1934 / via Autor

▲ *Cruiser Leipzig, 1933–1934* / via Author

▼ Widok z lewej burty od dziobu, wygląd okrętu z lat 1933–34 / S. Breyer

▼ *Port frontal view of the cruiser Leipzig, 1933–1934* / S. Breyer

W pomieszczeniu przetworników I (przedział XIII na poziomie sztauerskim) zainstalowano:
* jeden przetwornik wysokiego napięcia firmy Telefunken, typu GA74/SPG56
* dwa przetworniki wysokiego napięcia firmy Telefunken, typu VGN140/VGN200
* jeden przetwornik firmy Telefunken, typu TFG 408/5.

W pomieszczeniu przetworników II (przedział XIII na pokładzie platformy), zamontowano:
* jeden przetwornik zasilania odbiorników firmy Telefunken, typu ZA–G4/ZA–GG4
* jeden przetwornik zasilania stanowiska dowodzenia firmy Telefunken, typu TGF 111/3, 412/4
* dwa przetworniki wysokiego napięcia firmy Telefunken, typu GA 74/SPG 56 oraz VGN 140
* jeden przetwornik wysokiego napięcia firmy Telefunken, typu VGN 200 Spezial.

Na wyposażeniu stanowiska dowodzenia znajdowały się:
* jeden nadajnik krótkofalowy firmy Telefunken, typu Spezial 614
* jeden odbiornik krótkofalowy firmy Telefunken, typu Spezial 600
* jedna rozgłośnia okrętowa firmy Telefunken, typu Spezial 783 S.

W pomieszczeniu nasłuchu podwodnego (przedział XIII na dolnym pokładzie platformy) zainstalowano:
* jeden odbiornik bliskiego nasłuchu (NHG)
* jeden odbiornik grupy hydrofonów (GHG — typu 22 E).

Drugi komplet tych urządzeń zainstalowany był w kabinie nawigacyjnej.

W pomieszczeniu echosondy (przedział XVI na poziomie sztauerskim) zainstalowano po dwa nadajniki

▲ Krążownik *Leipzig* podczas postoju w Kieler Förde. Zwraca uwagę retusz flagsztoka dziobowego / via Autor

▲ Cruiser *Leipzig* moored in the Kieler Förde. Note that the bow flagstock was retouched / via Author

i odbiorniki sondy pionowej (z ograniczoną możliwością pracy w płaszczyźnie poziomej).

Środki łączności wewnętrznej

W sterowni zainstalowane były:
- aparaty telefoniczne do przekazywania rozkazów i meldunków
- telegraf maszynowy
- telegraf silnikowy
- telegraf kotłowy
- telegraf urządzeń pomocniczych
- telegraf komend na ster
- przekaźniki meldunków o przeciekach
- rozgłośnia okrętowa.

Te same urządzenia były zdublowane w bojowym stanowisku dowodzenia (pod sterownią) i w centrali dowodzenia (pod pokładem pancernym). W pomieszczeniu urządzenia sterowego znajdowało się zapasowe stanowisko sterowania.

Żyrokompas

Kompas-matka (z repetytorami w sterowni, kabinie nawigacyjnej, stanowiskach dowodzenia) znajdował się w przedziale XI, zdublowany zespół żyrokompasów zaś w przedziale III (w okresie późniejszym został on sprzężony z działkami kalibru 37 mm).

Urządzenia kotwiczne i cumownicze

- trzy elektryczne kabestany pionowe (dwa dziobowe w przedziale XIV i jeden rufowy w przedziale II)
- trzy kotwice dziobowe w kluzach (jedna na prawej i dwie na lewej burcie)
- jedna kotwica rufowa
- polery i przewłoki na dziobie, rufie, śródokręciu.

Łodzie okrętowe

- jeden barkas
- jedna łódź komunikacyjna
- jeden kuter dowódcy
- jeden kuter admiralski (od 1936 r.)
- dwa jole
- dwa kutry (dziesięciowiosłowe)
- jedna dinghy.

Wszystkie łodzie z napędem motorowym posadowiono na rostrach na pokładzie łodziowym, kutry wiosłowe zaś zawieszone były na żurawikach. Do obsługi służyły dwa słupki z wysięgnikami, umieszczone po obu burtach na pokładzie łodziowym na wysokości komina. Dwa wytyki służyły do cumowania łodzi podczas postoju w akwenach portowych.

Dział medyczny

Personel lekarski miał do dyspozycji:
- ambulatorium okrętowe na międzypokładzie w przedziale XI
- salę operacyjną na międzypokładzie w przedziale XII,
- bojowy punkt opatrunkowy pod pokładem pancernym w przedziale XIII
- wyposażenie medyczne dla oddziałów desantowych (narzędzia chirurgiczne, środki opatrunkowe, apteka).

Załoga

W dniu wejścia okrętu do służby skład załogi przedstawiał się następująco:
- dowódca
- dwunastu oficerów pokładowych
- sześciu oficerów mechaników
- jeden oficer łączności
- jeden oficer administracyjny
- jeden lekarz
- czterech chorążych
- 508 podoficerów i marynarzy
- dziesięć osób personelu cywilnego (stewardzi, rzemieślnicy).

Podczas pełnienia roli okrętu flagowego stan załogi zwiększał się o sześciu oficerów sztabowych oraz dwudziestu podoficerów i marynarzy.

▼◄ Zdjęcia wykonane podczas święta „Kieler-Woche" w czerwcu 1934 roku w Kilonii / via Autor

▼◄ *Cruiser Leipzig during the Kieler Woche feast in Kiel, June, 1934* / via Author

Podoficerowie i marynarze podzieleni byli na dziesięć kompanii i rozmieszczeni w przeważającej części na międzypokładzie. Rozmieszczenie podyktowane było przydziałem do stanowisk bojowych. Dowódca i oficerowie zajmowali kabiny na górnym pokładzie (w nadbudówkach od śródokręcia ku rufie).

Podział na kompanie:
* II–V: marynarze i artylerzyści
* VI: łączność
* VII–IX: dział techniczny (mechanicy, elektrycy)
* X: dział specjalny (administracja, kancelaria, profos, kuchnia, muzycy).

Każdą kompanią dowodził oficer, pełniący równocześnie rolę oficera wachtowego. Przestrzegano następującej zasady: każda kompania (ze swoim oficerem) ma wspólnie obsadzić stanowiska służbowe (bojowe). Stan załogi ulegał zmianom: np. instalacje przyrządu kierowania ogniem, wyposażenia lotniczego, wyposażenia radarowego, dodatkowego uzbrojenia przeciwlotniczego wymuszały nieustanny wzrost liczby załogi.

I tak — na początku wojny zaokrętowanych było 30 oficerów oraz 628 podoficerów i marynarzy. W 1944 r. stan załogi wynosił: 24 oficerów oraz 826 podoficerów i marynarzy. Podczas walk w Zatoce Gdańskiej (wiosną

▲ Na kotwicy w Kieler Förde, około 1934 roku / A. Jarski

▲ *Anchored in the Kieler Förde, about 1934* / A. Jarski

1945 r.) zaokrętowanych było dziesięciu oficerów, sześciu chorążych, 378 podoficerów i marynarzy oraz 85 kadetów-mechaników. Po 31 lipca 1945 roku załogę szkieletową tworzyło 85 oficerów, podoficerów i marynarzy.

Dowódcy

- komandor Hans Herbert Strobwasser 10.1931–09.1933
- komandor Otto Hormel 10.1933–09.1935
- komandor Otto Schenk 09.1935–10.1937
- komandor Werner Löwisch 10.1937–04.1939
- komandor Heinz Nordmann 04.1939–02.1940
- wycofanie ze służby 27.02.1940
- wejście do służby 01.12.1940
- komandor Werner Stichling 12.1940–08.1942
- komandor Friedrich-Traugott Schmidt (w zastępstwie) 08.1942–09.1942
- komandor Waldemar Winther 09.1942–02.1943
- komandor por. Joachim Asmus (p.o., również I oficer) 02.1943–03.1943
- wycofanie ze służby 04.03.1943
- wejście do służby 01.08.1943
- komandor Walter Hülsemann 08.1943–08.1944
- komandor Heinrich Spörel 08.1944–11.1944
- komandor ppor. Hagen Küster (p.o., również I oficer) 11.1944–12.1944
- komandor ppor. Joachim Hinckeldeyn (p.o., również I oficer) 01.1945
- komandor ppor. Walter Bach 02.1945–12.1945

Obsada pozostałych stanowisk, lata 1939–1945

I oficerowie

- komandor por. Hans-Joachim Hachtmann 10.1938–02.1940
- komandor por. Joachim Asmus 12.1940–03.1943
- komandor ppor. Hagen Küster 07.1943–12.1944
- komandor ppor. Joachim Hinckeldeyn 01.1945–do końca.

Oficerowie nawigacyjni

- komandor por. Wilhelm Bloser 10.1937–04.1940
- komandor ppor. Helmut von Oechelhaeuser 11.1940–11.1941
- komandor ppor. Werner Köppe 11.1941–03.1942
- komandor ppor. Robert Prützmann 03.1942–02.1943
- funkcja pełniona przez dowódcę 07.1943–02.1944
- komandor ppor. Felix Hahn 02.1944–10.1944
- komandor ppor. Werner Reidenbach 03.1945–do końca.

I oficerowie artyleryjscy

- komandor ppor. Ernst Kals 04.1930–12.1939
- kapitan Werner Kriesel 12.1940–11.1941
- kapitan Peter Gierock 11.1941–02.1943
- kapitan Sven Plass 05.1944–01.1945
- kapitan Arthur Scheffler 01.1945–do końca.

I oficerowie mechanicy

- komandor ppor. inż. Friedrich Töllner 04.1939–11.1942

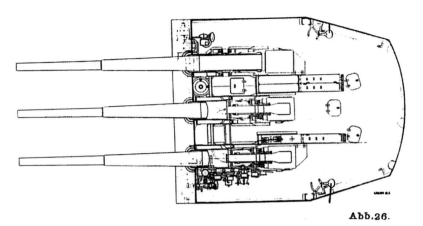

Abb.26.

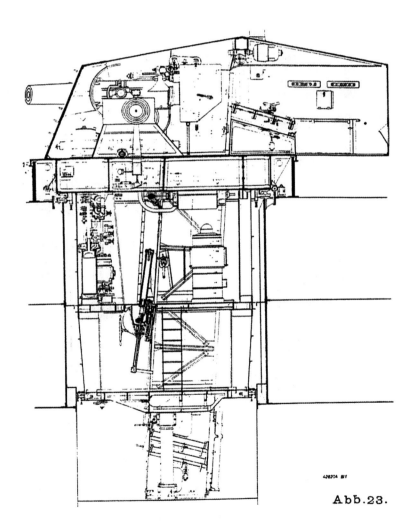

Abb.23.

▲ Przekrój przez wieżę artylerii głównej kalibru 15 cm L/60 na podstawie C/25 / M. Skwiot

▲ Cross-section of the main battery artillery turret with the 150 mm (4.9 in.) 15 cm L/60 cannons set in the C/25 mounts / M. Skwiot

- komandor ppor. inż. Bernhardt Biederbick 11.1942–02.1943
- komandor ppor. inż. Erich Grundmann 07.1943– –11.1944
- kapitan inż. Franz Bonnemeier 11.1944–do końca.

Malowanie

W chwili wejścia do służby okręt nosił następujące malowanie:
- część podwodna — czerwony z ciemnoszarym pasem o szerokości około jednego metra poniżej konstrukcyjnej linii wodnej
- kadłub — „96 szary" (do wysokości pokładu górnego/dziobowego)
- nadbudówki, wieże, maski dział, płaszcz komina, fokmaszt — jasnoszare
- górna część komina — biała
- stenga masztu, gafel, wsporniki anten przy kominie, wyloty spalin silników marszowych — czarne
- pokłady pokryte klepką — naturalny kolor drewna
- pokłady nadbudówek i pomostów pokryte linoleum — czerwonobrązowe
- pokłady pokryte ryflowaną blachą malowano w kolorze sąsiadujących płaszczyzn pionowych (ścian nadbudówek)
- stożki wychylenia pióra steru: lewa burta — czerwony, prawa burta — zielony
- herb dziobowy: tło — złote; lew — czarny; pazury, jęzor, oko — czerwony; pionowe pasy w prawej części pola — ciemnoniebieskie.

Podczas wojny malowanie wielokrotnie ulegało zmianom. I tak, w okresie od września 1939 do wiosny 1941 r. okręt w całości był szary. W 1941 r. testowano różne warianty kamuflażu „belkowego". W latach 1942–45 znów wrócono do jednolitego, szarego malowania. Od 25 marca 1945 r. na dziobie okręt miał namalowany biały odkos (w celu zmylenia ewentualnych obserwatorów z okrętu podwodnego). Ponadto w latach 1940–1944 na pokładzie dziobowym namalowany był znak rozpoznawczy dla lotnictwa — białe koło z czarną swastyką.

Plany przebudowy

Z powodu słabości wiązań konstrukcyjnych kadłuba planowano przebudowę krążownika (analogicznie do Karlsruhe). Modernizacja miała zostać przeprowadzona przez stocznię Howaldtswerke w Kilonii w terminie od 1 kwietnia 1940 r. do 1 kwietnia 1941 r.

Planowana służba okrętu

W dniu 21 sierpnia 1939 r. roku zatwierdzony został ramowy plan wykorzystania krążowników na najbliższe lata. Dla krążownika Leipzig przewidywano:
- do 1 kwietnia 1940 r.: w składzie sił rozpoznawczych (BdA)
- 1 kwietnia 1940–1 kwietnia 1941: przebudowa w Howaldtswerke, Kilonia
- 1 kwietnia 1941–1 lipca 1941: w gestii BdA
- 1 lipca 1941–1 kwietnia 1942: eskadra szkolna
- 1 kwietnia 1942–1 maja 1943: w gestii BdA
- 1 maja 1943–1 kwietnia 1944: eskadra szkolna
- 1 kwietnia 1944–1 czerwca 1945: flota
- od 1 czerwca 1945: okręt szkolny kadetów.

Przebudowy (zmiany w sylwetce, uzbrojeniu i wyposażeniu)

9 maja 1932
stocznia MW, Wilhelmshaven
* instalacja rufowego dalmierza

30 września–11 grudnia 1932
stocznia MW, Wilhelmshaven
* instalacja przyrządu kierowania artylerią przeciwlotniczą SL-1 (*Leipzig* był pierwszym okrętem Kriegsmarine, który otrzymał to urządzenie)

13 listopada 1933–12 lutego 1934
stocznia MW, Wilhelmshaven
* montaż ośmiu działek kalibru 37 mm L/83 C/30 na zdwojonych lawetach C/30 (pierwszych stabilizowanych trójosiowo armat Kriegsmarine): z obu stron komina i z obu stron pokładówki rufowej
* instalacja dodatkowych żyroskopów do SL-1
* montaż dwóch dział kalibru 88 mm L/45 w pojedynczych lawetach C/30: z obu stron SL-1
* instalacja dodatkowych, ukośnych wsporników anten (gafle) z tyłu komina
* wymiana rur torpedowych kalibru 500 mm na 533 mm

Do wyrzutni stosowano torpedy typu G7a T1.

Dane torpedy typu G7a T1
* długość całkowita   7186 mm
* masa całkowita   1528 kg
* ujemny wypór hydrostatyczny   274 kg
* pojemność sprężonego powietrza   676 l
* ciśnienie   2000 kg/cm^2
* masa powietrza   161 kg
* decalin (dziesięciowodoronaftalen)   12,9 kg
* woda   57 kg
* moc (44 węzły)   320 KM
* zużycie paliwa   8,5 kg/KM/h
* masa ład. wybuchowego   300 kg
* zasięg   6000 m/44 węzły
                            8000 m/40 węzłów
                            14.000 m/30 węzłów

Od 1939 roku zasięg torped został odpowiednio zmniejszony do 5000 m, 7500 m, 12.500 m.

Jesień 1934
stocznia MW, Wilhelmshaven
* instalacja podestu (stanowisko Laurina) na maszcie bojowym, na wysokości platformy reflektora

14–17 grudnia 1934
Deutsche Werke, Kilonia (beczka „A 5")
* montaż katapulty typu FL 22

22 grudnia 1934–18 lutego 1935
stocznia MW, Kilonia
* demontaż czterech dział kalibru 88 mm L/45
* montaż dział kalibru 88 mm L/76 C/32 w zdwojonych lawetach C/32: z obu stron przyrządu SL-1 i za rufówką

◄▲ Wieże artylerii głównej konstrukcji firmy Rheinmetall-Borsig nosiły oznaczenie SK 15 cm L/60, C/25 i umieszczone były na potrójnych lawetach C/25 / S. Breyer

◄▲ The Rheinmetall-Borsig SK 15 cm L/60 C/25 turrets with the C/25 triple mounts / S. Breyer

▶ Główne stanowisko manewrowe / S. Breyer

▶ Main manouvering station / S. Breyer

▼ Krążownik *Leipzig* w suchym doku podczas jednego z przeglądów stoczniowych części dennej / A. Jarski

▼ *Cruiser Leipzig in dry-dock during the shipyard bottom scraping* / A. Jarski

▲ Widok z marsa bojowego w kierunku rufy, około 1934 roku / S. Breyer

▲ *View from the battle-mast platform to the stern, about 1934* / S. Breyer

Dane lawety C/32

- masa lawety — 6275 t
- masa urządzeń celowniczych — 0,745 t
- masa napędu elektrycznego — 1280 t
- masa maski działa — 5830 t
- masa całkowita — 23.650 t
- kąt podnoszenia — –10° do +80°
- szybkość podnoszenia ręcznie — 3,6°/s
- szybkość podnoszenia elektrycznie — 10°/s
- szybkostrzelność — 15 strz./min.
- opancerzenie:
  płyta czołowa — 12 mm
  ściany boczne — 10 mm

- zamiana lewoburtowego słupa przeładunkowego na masywny dźwig wysięgnikowy
- demontaż gafli kominowych
- montaż stengi z rejką z tyłu komina
- okręt wyposażono też w dwa wodnosamoloty Heinkel He 60C (oznakowane 60+C95 i 60+C96)

17 lutego 1935–14 kwietnia 1936
stocznia MW, Wilhelmshaven

- zmiana wyglądu pokładówki rufowej
- zamiana czterech prądnic spalinowych (łączna moc 360 kW) na trzy prądnice spalinowe MWM (540 kW)
- montaż działa ćwiczebnego (za podwójną lawetą dział 88 mm)

▲▼ *Leipzig* podczas wizyty w Portsmouth w Anglii. Okręt na redzie / górne: S. Breyer, dolne: CAW

▲▼ *Cruiser Leipzig during the Portsmouth, England, visit. The ship is anchoring at the roadstead* / top: S. Breyer, bottom: CAW

▶ *Leipzig* w dniu 11 lipca 1934 roku w Portsmouth w Anglii. Na pierwszym planie krążownik typu „K" *Königsberg* / S. Breyer

▶ *Cruiser Leipzig on July 11, 1934 in Portsmouth, England. K-Class cruiser Königsberg in the foreground* / S. Breyer

14 października 1936–20 lutego 1937
stocznia MW, Wilhelmshaven
* przegląd i modyfikacja silników marszowych

20–30 maja 1937
Deutsche Werke Kilonia
* naprawa szkód sztormowych

17 grudnia 1938–15 marca 1939
Deutsche Werke Kilonia
* zamiana dźwigu wysięgnikowego na dźwig kratownicowy
* demontaż podestów na maszcie bojowym (stanowiska Laurina)

8–16 listopada 1939
Deutsche Werke, Kilonia
* naprawa szkód po kolizji z *Bremse*

15 grudnia 1939–8 lutego 1940
Blohm & Voß, Hamburg
* prowizoryczna naprawa uszkodzeń po storpedowaniu przez angielski okręt podwodny *Salmon*

16 lutego–27 marca 1940
Deutsche Werke, Kilonia
* kontynuacja napraw po uszkodzeniu torpedą w dniu 13.12.1939

29 marca–30 listopada 1940
Danziger Werft, Gdańsk
* przebudowa na krążownik szkolny: adaptacja kotłowni I i kotłowni II na pomieszczenia dla kadetów
* demontaż katapulty
* instalacja systemu demagnetyzacyjnego

4 marca 1941
Maureb, Świnoujście
* początek demontażu rufowej pary wyrzutni torpedowych (przeznaczonych dla *Gneisenau*)

▶ Interesujące ujęcie od dziobu, 1934 rok / S. Breyer

▶ *Interesting bow shot, 1934* / S. Breyer

Powrót z wizyty zagranicznej w Portsmouth, reda Schillig, lipiec 1934 roku / via Autor

Return from the foreign visit to Portsmouth, Schilling roadstead, July 1934 / via Author

8–28 marca 1941
Deutsche Werke, Kilonia
* naprawa uszkodzonych przez lód śrub napędowych

5 sierpnia 1941
warsztaty portowe w Travemünde
* instalacja katapulty

14–31 sierpnia 1941
basen stoczniowy w Kopenhadze
* wymiana pasa demagnetyzacyjnego

28 września–20 października 1941
Deutsche Werke, Kilonia
* przegląd siłowni
* poprawienie izolacji termicznej przy ambulatorium (ciepło od wylotów spalin silników marszowych nagrzewało ściany w nadbudowie rufowej)

11 kwietnia–8 maja 1942
Oderwerke, Szczecin
* wymiana luf artylerii głównej (zamontowano lufy z zapasów przeznaczonych dla *Karlsruhe*)

▲ Zwraca uwagę brak katapulty i dźwigu na lewej burcie okrętu — 1934 rok / A. Jarski

▲ *Note still lacking floatplane catapult and portside aircraft lift, 1934* / A. Jarski

▶ *Leipzig* zacumowany przy dalbie w Świnoujściu w 1934 roku / A. Jarski

▶ *Cruiser Leipzig moored at the dolphins, Swinemünde, 1934* / A. Jarski

◄ W 1935 roku zaobserwować można zmiany w sylwetce okrętu na skutek zainstalowania nowej katapulty typu Fl–22 i ciężkiego dźwigu do podnoszenia wodnosamolotu / via Autor

◄ As of 1935 the silhouette was visibly changed by addition of the new Fl–22 type floatplane catapult and heavy aircraft servicing lift / via Author

30 grudnia 1942–4 marca 1943
Maureb, Libawa
* demontaż obu pozostałych zespołów wyrzutni torpedowych
* demontaż katapulty
* demontaż artylerii przeciwlotniczej

marzec–1 sierpnia 1943
Maureb, Libawa
* demontaż podestów reflektorowych z prawoburtowego słupa przeładunkowego i lewoburtowej podpory dźwigu
* powiększenie platformy przeciwlotniczej na dachu rufówki
* montaż dwóch poczwórnych lawet kalibru 20 mm (na platformie nad pomostem dowodzenia i na rufowym stanowisku artyleryjskim)
* montaż ośmiu pojedynczych lawet kalibru 20 mm (dwie na dziobie, dwie na rufie, dwie na pokładzie nadbudowy rufowej [przed wylotami spalin Diesli] i dwie pomiędzy SL–1 i rufowym dalmierzem)
* instalacja nowej wersji zespołu hydrofonów (GHG) i hydrolokatora (S-Gerät)

5–14 stycznia 1944
Deutsche Werke, Gdynia
* wymiana kabli w urządzeniu demagnetyzacyjnym

10 kwietnia–15 lipca 1944
Maureb, Świnoujście
* wbudowanie admiralskiej kabiny nawigacyjnej w kompleks nadbudowy dziobowej
* zainstalowanie w nowym pomieszczeniu (patrz wyżej) aparatury radarowej

* montaż anteny radaru FuMO 22 na platformie reflektorowej masztu bojowego
* montaż anteny radaru FuMB 6 *Palau* na konsoli masztu bojowego (ponad FuMO 22)
* montaż dwóch anten radaru FuMB 4 *Sumatra* z boków marsa bojowego

18 października–30 grudnia 1944
Deutsche Werke, Gdynia (dok pływający 40.000 t)
* prowizoryczna naprawa kadłuba po kolizji z ciężkim krążownikiem *Prinz Eugen* (naspawanie na wyrwę w kadłubie blach profilowanych 150×500 mm i 30×150 mm oraz przykrycie miejsca uszkodzenia drewnianą osłoną)
* demontaż dwóch zdwojonych lawet kalibru 37 mm z obu stron komina
* demontaż dwóch poczwórnych lawet kalibru 20 mm (z platformy nad pomostem nawigacyjnym i z rufowego stanowiska artyleryjskiego)
* demontaż dwóch pojedynczych lawet 20 mm z pokładu nadbudowy rufowej (przed wylotami spalin Diesli)
* montaż dwóch pojedynczych lawet kalibru 20 mm na platformie nad pomostem nawigacyjnym (w miejsce poczwórnej lawety 20 mm)
* przemieszczenie dwóch pojedynczych lawet kalibru 20 mm ze stanowiska pomiędzy SL–1 a dalmierzem na miejsce zajmowane poprzednio przez poczwórną lawetę 20 mm — na dach rufowego stanowiska artyleryjskiego.

Stan uzbrojenia w chwili kapitulacji był następujący:
* trzy potrójne działa kalibru 150 mm
* trzy podwójne działa kalibru 88 mm

▲ Fotografia wykonana prawdopodobnie 7 listopada 1935 roku, w dniu wprowadzenia nowej bandery — Kriegsmarine / S. Breyer

▲ *This photo was probably taken on November 7, 1935, when the new Kriegsmarine flag was introduced for the German Navy* / S. Breyer

- dwa podwójne działka kalibru 37 mm
- osiem pojedynczych działek kalibru 20 mm.

Wszystkie inne informacje o uzbrojeniu w końcowym okresie wojny, podawane np. przez Breyera, Whitleya, Koopa i innych „fachowców" są nieprawdziwe!

3 stycznia–28 lutego 1945
basen portowy V, Gdynia
- dalsze uszczelnianie powyżej LW (blachy profilowane, drewniane stemple i pokrywa na poszyciu)
- usunięcie usterek w aparaturze pasa demagnetyzacyjnego
- montaż na górnym pokładzie pomocniczego agregatu spalinowego (silnik Diesla z ciężarówki)

Stan urządzeń napędowych:
- trzy silniki marszowe — sprawne
- jeden silnik marszowy — odstawiony z powodu braku części zamiennych
- jeden Diesel pomocniczy — sprawny
- jeden Diesel pomocniczy — wysłany do Kilonii do naprawy na parowcu *Lezenzia*.
- Stan czynnej elektrowni:
jeden agregat spalinowy MWM180 kW
jedna turboprądnica 250 kW (zasilanie z kotła pomocniczego),
jeden agregat awaryjny 24 kW (do oświetlenia awaryjnego i zasilania palników kotła pomocniczego).
dwa agregaty MWM po 180 kW (nieczynne).

Dane techniczne po przebudowie

- wyporność standardowa 6614 ts
- wyporność konstrukcyjna 7385 t
- wyporność pełna 8427 ts
- pojemność brutto 5825 t
- pojemność netto 1816 t
- długość całkowita 177,10 m
- długość na KLW 165,80 m
- szerokość całkowita 16,30 m
- zanurzenie konstrukcyjne 5,05 m
- zanurzenie maksymalne 5,69 m
- wysokość boczna 9,00 m
- stosunek L / B 10,17
- konstrukcyjna moc turbin 60.000 KM
- konstrukcyjna moc silników 12.400 KM
- maks. prędkość konstrukcyjna 32,00 w
- maks. prędkość rzeczywista 31,90 w
- prędkość marszowa 16,50 w
- zapas oleju opałowego 1235 m^3
- zapas oleju napędowego 348 m^3
- zasięg 3780 Mm/15 w
  2980 Mm/21 w
  2220 Mm/27 w
  940 Mm/32 w
- załoga (w tym oficerowie):
  w 1931 r. 508 (26)
  w 1939 r. 658 (30)
  w 1944 r. 850 (24)
  jako okręt flagowy (dodatkowo) 26 (6)

Zestawienie mas okrętowych
- kadłub, pancerz barbet i wież 2557 t
- pancerz 774 t
- napęd główny 1637 t
- maszyny pomocnicze 394 t
- uzbrojenie, amunicja, przyrządy 903 t
- armatura, żywność, załoga, bagaże 481 t
- paliwo, smary, woda kotłowa 1681 t
- wyporność konstrukcyjna 8427 t

Historia służby

1928 rok

- 18 kwietnia — początek budowy kadłuba nr 117, czyli krążownika „E" („Ersatz *Amazone*"), na pochylni numer I w stoczni marynarki wojennej Wilhelmshaven.

1929 rok

- 18 października — wodowanie okrętu. Na uroczystość zaproszeni zostali między innymi: zwierzchnik Reichswehry dr W. Groener, szef kierownictwa Marynarki Wojennej admirał E. Raeder i wiceadmirał W. Franz. Mowę wygłosił nadburmistrz Lipska dr Rothe, ceremonii chrztu dokonała pani Susanne Haun, wdowa po ostatnim dowódcy poprzedniego krążownika o tej nazwie.

1930 rok

- 25 lutego — przeniesienie dowództwa floty z Wilhelmshaven do Kilonii.

1931 rok

- 8 października — ceremonia podniesienia bandery. Okręt cumował na miejscu postojowym „A 3" (miejsce budowy, Wilhelmshaven, było również jego portem macierzystym). Nowy krążownik otrzymał sygnał wywoławczy LE (Lucie Emil).
- 26–28 października — załadunek amunicji i prowiantu.
- 29 października — próby przechyłów przy nabrzeżu.
- 30 października — pomiar dewiacji i przeprowadzenie kompensacji kompasów.
- 31 października — inspekcja okrętu przez dowódcę floty (BdF), wiceadmirała Waltera Gladischa.
- 1 listopada — pierwsze wyjście w morze.
- 4–6 listopada — próby mechanizmów w Zatoce Niemieckiej i na Morzu Północnym; następnie postój na kotwicy na redzie Wilhelmshaven.
- 16 listopada — kontynuacja prób.
- 24 listopada — próba zdawczo-odbiorcza. W jej ramach okręt wyszedł na Morze Północne i udał się, wokół Skagen, do Kilonii.
- 27–30 listopada — próby szybkości na mili pomiarowej w zatoce Eckernförde; w przerwach pomiędzy przebiegami Leipzig cumował do beczki „A 12" na redzie Kilonii.
- 30 listopada — zaokrętował się kontradmirał Conrad Albrecht, dowódca sił rozpoznawczych, czyli BdA (w okresie od września 1930 r. do września 1932 r.); powrót przez Kanał Kiloński do Wilhelmshaven.
- 17–18 grudnia — strzelania artyleryjskie na wodach Zatoki Niemieckiej; następnie powrót do Wilhelmshaven na długi postój zimowy.

1932 rok

- 12–13 lutego — przejście przez Kanał Kiloński na Bałtyk.
- 14–18 lutego — próby szybkości na mili pomiarowej Neukrug, pomiary zużycia paliwa, określenie promienia cyrkulacji, w przerwach postój na kotwicy na redzie Piławy (Pillau).
- 19–24 lutego — pobyt w Piławie.
- 25 lutego — wyjście na redę portu; następnie marsz na zachód.
- 26 lutego — Leipzig zacumował w Świnoujściu; podczas manewrów holownik Sturm uszkodził mu lewą śrubę napędową; następnie przejście do Kilonii.
- 27 lutego–1 marca — Leipzig wszedł na dok IV stoczni Deutsche Werke w Kilonii; wymiana śruby napędowej.
- 1–3 marca — okręt cumował do beczki „A 12" w Kilonii.
- 3–5 marca — seria prób i testów postoczniowych, wyjście na Bałtyk.
- 5–7 marca — krążownik cumował w Świnoujściu (Swimemünde).
- 8 marca — wyjście z portu, marsz przez Kanał Kiloński.
- 9 marca — Leipzig na krótko rzucił kotwicę na redzie Wilhelmshaven.
- 9–21 marca — okręt cumował na miejscu postojowym „B 8".
- 21 marca–1 kwietnia — wszedł na dok V stoczni MW.
- 1–13 kwietnia — postój przy nabrzeżu dla okrętów znajdujących się w próbach.
- 13 kwietnia–2 maja — powtórnie w doku V stoczni MW.
- 2–6 maja — postój przy stanowisku „B 8".
- 6–9 maja — krążownik cumował przy nabrzeżu dla okrętów w próbach; montaż rufowego dalmierza.
- 9–10 maja — intensywne próby silników spalinowych na Jade i w ujściu Łaby; powrót do Wilhelmshaven.

◀ Widok na wieżę „A" i nadbudówkę dziobową / CAW

◀ View of the „A" main battery turret and forward superstructure / CAW

- 12 maja — opuszczenie bandery z powodu pogrzebu admirała Franza von Hippera.
- 30 maja–1 czerwca — *Leipzig* wszedł na dok V stoczni MW.
- 1–13 czerwca — postój przy nabrzeżu dla okrętów w próbach.
- 13–14 czerwca — na kotwicy na redzie Wilhelmshaven, przegląd mechanizmów, uzbrojenia i wyposażenia przez przedstawicieli „Komisji d/s nowo zbudowanych krążowników".
- 15–16 czerwca — przegląd w doku V stoczni MW.
- 16 czerwca — przejęcie okrętu przez marynarkę wojenną; próba zdawczo-odbiorcza (marsz na Bałtyk przez Kanał Kiloński); w Zatoce Kilońskiej określenie dewiacji kompasów.
- 18–25 czerwca — wielokrotne przebiegi na mili pomiarowej Neukrug, w przerwach postój na kotwicy na redzie Piławy.
- 26–27 czerwca — krążownik kotwiczył na redzie Cranz.
- 27 czerwca — *Leipzig* wpłynął do Piławy.
- 28–29 czerwca — w morzu.
- 29 czerwca — okręt zacumował w Kilonii.
- 5–6 lipca — krążownik wszedł na dok VI stoczni Deutsche Werke.
- 6–7 lipca — próby szybkości na mili pomiarowej w zatoce Eckernförde.
- 7–10 lipca — nieprzerwana, 72-godzinna próba mechanizmów napędowych podczas przejścia przez Wielki Bełt, wokół Skagen, do Wilhelmshaven.
- 10 lipca–18 sierpnia — *Leipzig* cumował przy miejscu postojowym „B 8", wszedł na dok V stoczni MW oraz cumował przy nabrzeżu dla okrętów w próbach.
- 27–30 lipca — opuszczenie bandery z powodu zatonięcia szkolnego żaglowca *Niobe*.
- 2–12 sierpnia — udział w strzelaniach artyleryjskich floty. *Leipzig* strzelał również ostrą amunicją do okrętu-celu *Zähringen* (w ćwiczeniach uczestniczyły ponadto: pancerniki *Schleswig-Holstein* i *Schlesien*, krążowniki *Königsberg*, *Emden* i *Köln*).
- 16–19 sierpnia — udział w strzelaniach torpedowych floty.
- 18 sierpnia — *Leipzig* oficjalnie wszedł w skład sił rozpoznawczych i podporządkowany został BdA.
- 22–26 sierpnia — dokończenie strzelań torpedowych floty.
- 23 sierpnia — udział części załogi w uroczystościach pogrzebowych marynarzy z *Niobe* i w morskim pogrzebie admirała Hansa Zenkera.
- 24 sierpnia — na krążowniku gościli: wiceadmirał W. Gladisch (BdF) i wiceadmirał W. von Trotha.
- 29 sierpnia–1 września — strzelania artyleryjskie w zatoce Eckernförde.
- 3–5 września — na pokładzie gościł nadburmistrz Lipska, dr Karl Goerdeler.
- 6 września — marsz wokół Skagen do Wilhelmshaven.
- 6–22 września — udział w jesiennych manewrach floty; *Leipzig* wchodził w skład sił „niebieskich".
- 18–22 września — zaokrętował się szef kierownictwa MW, admirał Erich Raeder ze sztabem.
- 24 września–14 listopada — w Wilhelmshaven (miejsce postojowe „A 14", dok V, miejsce postojowe „B 8", molo północne, nabrzeże dla okrętów w próbach).
- 24–27 września — wizyta części załogi w Lipsku; oficerowie z dowódcą podejmowani byli przez władze miasta, marynarze zwiedzili ZOO, otrzymując w prezencie młodego tygryska berberyjskiego o imieniu Simba.
- 30 września–18 października — zajęcia szkoleniowe załogi.
- 18 października–3 listopada — przegląd siłowni.
- 7–10 listopada — szczegółowy przegląd uzbrojenia artyleryjskiego.
- 10–14 listopada — próby siłowni.
- 14 listopada — wyjście na Bałtyk.
- 14–17 listopada — *Leipzig* cumował do beczki „A 10" w Kilonii; przegląd i próby siłowni.
- 18–21 listopada — okręt cumował w Świnoujściu.
- 21–23 listopada — próby szybkości na mili pomiarowej Heringsdorf; następnie powrót na Morze Północne.
- 24–28 listopada — przegląd w doku IV stoczni MW w Wilhelmshaven.
- 28 listopada–3 grudnia — wyjście na wody Zatoki Niemieckiej, następnie próbne strzelania artyleryjskie pod nadzorem oficerów z „Dowództwa doświadczeń z artylerią" — z wykorzystaniem nowo zamontowanego przyrządu kierowania ogniem SL-1.
- 3–5 grudnia — wizyta w Cuxhaven.
- 6–9 grudnia — strzelania artyleryjskie na wodach Zatoki Niemieckiej.

▶ *Leipzig* w Kieler Förde w 1935 roku / AJ–Press

▶ *Cruiser Leipzig in Kieler Förde, 1935* / AJ–Press

- 9–12 grudnia — okręt cumował w Wilhelmshaven na miejscu postojowym „A 4".
- 12–14 grudnia — na wodach Zatoki Niemieckiej, strzelania z dział artylerii głównej.
- 14 grudnia — *Leipzig* wpłynął do Wilhelmshaven i przycumował na miejscu postojowym „A 5".
- 16 grudnia — testy przyrządów artyleryjskich na rzece Jade.
- 19–20 grudnia — strzelania z działek kalibru 37 mm.
- 28–31 grudnia — krążownik wszedł na dok V stoczni MW w celu regulacji środkowego wału napędowego; po wydokowaniu zacumował przy miejscu postojowym „A 5".

1933 rok

- 4 stycznia–8 lutego — *Leipzig* opuścił „A 5", marsz na Bałtyk; różne miejsca postoju; w Kilonii: beczka „A 10", zatoka Eckernförde, reda Flensburg-–Mürwik.
- 5–31 stycznia — strzelania torpedowe, próby mechanizmów, *Leipzig* służył również jako okręt-cel.
- 1–5 lutego — zaokrętował się kontradmirał H. Kolbe (BdA w okresie od września 1932 r. do września 1934 r.) ze sztabem, marsz na wody wschodniego Bałtyku i następnie powrót do Kilonii.
- 6 lutego — regulacja kompasów w Zatokach Kilońskiej i Eckernförde, powrót do Kilonii.
- 7–8 lutego — przejście na Morze Północne.
- 8–20 lutego — Wilhelmshaven, częste wyjścia w morze, szkolenie załogi; w porcie *Leipzig* cumował przy stanowisku „A 4".
- 21 lutego — wyjście w morze (pierwszy rejs na Atlantyk); testy uzbrojenia i systemu kierowania ogniem (uczestniczyli w nich między innymi pracownicy firm Zeiss i Aero).
- 27 lutego–2 marca — *Leipzig* kotwiczył na redzie Funchal (Madera).
- 2–8 marca — kontynuacja prób i testów siłowni i artylerii.
- 9 marca — początek rejsu powrotnego; strzelania torpedowe na Atlantyku.
- 15 marca — powrót do Wilhelmshaven, postój przy stanowisku „A 5".
- 16–18 marca — uroczysta gala banderowa i podniesienie nowej bandery (bez czarno-czerwono-złotego pola w górnej części[4]).
- 18–24 marca — *Leipzig* wszedł na dok V stoczni Marinewerft.
- 25–26 marca — powrót do Wilhelmshaven, krążownik cumował przy stanowisku „A 5".
- 27 marca — wyjście na wody Zatoki Niemieckiej.
- 27 marca–3 kwietnia — powrót do Wilhelmshaven, okręt cumował przy miejscu postojowym „A 5".
- 30 marca — inspekcja okrętu przez admirała E. Raedera.
- 1 kwietnia — wielka gala banderowa z okazji wodowania okrętu pancernego *Admiral Scheer*; wieczorem tego dnia admirał zszedł z pokładu.
- 4–7 kwietnia — w morzu (strzelania do tarcz, próby silników spalinowych).
- 7–18 kwietnia — powrót do Wilhelmshaven, *Leipzig* cumował przy stanowisku „A 5".
- 18 kwietnia — przejście na Bałtyk; udział w wiosennych ćwiczeniach zespołowych.
- 22–24 kwietnia — w przerwie ćwiczeń okręt zawinął do Świnoujścia; uzupełnienie paliwa i prowiantu.
- 29 kwietnia–2 maja — *Leipzig* w kolejnej przerwie powtórnie cumował w Świnoujściu.
- 10 maja — zakończenie ćwiczeń; okręt wpłynął do Kilonii.
- 11–12 maja — *Leipzig* przepłynął na Morze Północne.
- 12–16 maja — krążownik cumował w Wilhelmshaven.
- 13 maja — na pokład przybył z wizytą francuski attaché morski.
- 17 maja — okręt wypłynął na Bałtyk; w drodze spotkanie ze szwedzkim krążownikiem *Fylgia*.
- 17–18 maja — strzelania artyleryjskie w zatoce Eckernförde.
- 20–22 maja — *Leipzig* cumował do beczki „A 5" na redzie Kilonii.
- 22 maja — wieczorem oddano honorowy salut złożony z dziewiętnastu wystrzałów; na pokład krążownika weszli: kanclerz A. Hitler, wicekanclerz F. von Papen, premier Prus — H. Göring, admirał E. Raeder, minister J. Goebbels; w nocy wyjście na nocne strzelania z dział artylerii głównej.
- 23 maja — pokazowe strzelania do celów powietrznych; po wyokrętowaniu dostojnych gości kurs na Morze Północne.
- 24 maja — krążownik wpłynął do Wilhelmshaven.
- 25–28 maja — częste wyjścia w morze, szkolenie załogi.
- 29 maja — zaokrętowali się wiceadmirał W. Gladisch (BdF) i kontradmirał H. Kolbe (BdA); wyjście w morze na ćwiczenia bojowe.
- 31 maja–1 czerwca — wielka gala banderowa z okazji rocznicy bitwy pod Skagerrakiem.
- 12–18 czerwca — wspólne ćwiczenia z pancernikami *Schlesien*, *Schleswig-Holstein* i *Hessen*, następnie wejście do Kilonii.
- 15 czerwca — strzelania z dział artylerii głównej.
- 19 czerwca — wyjście z Kilonii, początek letniego rejsu szkoleniowego na wodach Bałtyku.
- 21 czerwca — podczas rejsu wymiana honorów z kanonierką *Generał Haller*.
- 23–26 czerwca — wizyta w Hangö (Finlandia); w regatach wioślarskich zwyciężyła osada fińska.
- 1–3 lipca — wizyta w Królewcu (Königsberg).
- 4 lipca — spotkanie z angielskim krążownikiem *Exeter* na wysokości Hälsingborga.
- 5–9 lipca — *Leipzig* kotwiczył na redzie Aarhus.
- 7 lipca — podniesiono wielką galę banderową z okazji przybycia na pokład duńskiego króla Christiana X; oddano salut złożony z 21 wystrzałów.
- 10–15 lipca — w morzu, strzelania z dział artylerii przeciwlotniczej.
- 15 lipca — wymiana honorów z amerykańskimi dozorowcami *Cayuga* i *Sebago* podczas wchodzenia do Zatoki Kilońskiej; *Leipzig* zacumował przy Arsenale w Kilonii.
- 18 lipca — na Bałtyku, strzelania z dział artylerii głównej; spotkanie z zespołem okrętów angielskich (baza okrętów podwodnych *Lucia*, niszczyciel *Mackay*, okręty podwodne L 27, L 21 i L 26).
- 19 lipca — rano zaokrętował się admirał E. Raeder, kontynuacja strzelań z dział artylerii głównej; wymiana siedemnastu wystrzałów salutacyjnych przy spotkaniu z kolejnym zespołem okrętów angielskich

[4] Przy drzewcu.

▲▼ Dwa zdjęcia powstałe z jednego. Oryginałem jest zdjęcie poniżej (tu gorszej jakości niż zdjęcie retuszowane). Ingerencję cenzora widać w miejscu, gdzie na dolnym zdjęciu stoi motorówka komunikacyjna (1), na pierwszy rzut oka zauważyć też można, iż na dolnym zdjęciu *Leipzig* zacumowany jest w Kilonii do beczki cumowniczej, na górnym zaś widać tylko fragment cumy dziobowej (2). Niemcy — podobnie jak marynarki innych państw — często stosowali techniki retuszu, by zmylić wroga. Nawet „oryginał" nie uniknął ingerencji — wrysowano samolot (3) oraz proporzec dziobowy (4) i banderę na rufie / via Autor

▲▼ *Two pictures made of one frame. The original print is the lower quality picture shown below. Note the censoring traces where a communication boat is moored in the lower photo (1). In the lower photo the cruiser is moored at the float in Kiel, while the photo above shows only a length of rope, leading nowhere (2). Germans, as other nations at that time, often used retouched photographs for camouflage purposes. Note that even the supposed "original" photo also has been "doctored" by a censor, who drew a floatplane (3) as well as flags at the bows (4) and stern* / via Author

(krążownik *Cairo*, niszczyciele *Campbell*, *Vanquisher*, *Valentine*, *Walpole*, *Wolfhound* i *Vidette*).
- 19–20 lipca — *Leipzig* cumował w Kilonii.
- 21 lipca — przejście na Morze Północne; wejście do Wilhelmshaven.
- 26 lipca — opuszczenie bandery z powodu pogrzebu admirała L. von Schrödera.
- 6 sierpnia — uzupełnienie paliwa, wody i prowiantu.
- 7–31 sierpnia — przejście na Bałtyk; strzelania z dział artylerii głównej, udział w strzelaniach torpedowych floty i ćwiczeniach pod dowództwem BdA; w przerwach pomiędzy kolejnymi ćwiczeniami *Leipzig* kotwiczył na redach Kilonii, Timmendorfu i na pełnym morzu.
- 14 sierpnia — w celu obserwacji ćwiczeń zaokrętował się dowódca floty ze sztabem; początek strzelań torpedowych floty w rejonie Wismaru, uczestniczyły w nich pancerniki *Schleswig-Holstein*, *Schlesien*, *Hessen*, krążownik *Königsberg* oraz I. i II. flotylla torpedowców.
- 20 sierpnia — zakończenie strzelań.
- 21 sierpnia — okręt wizytował admirał E. Raeder.
- 26 sierpnia — ponowna wizyta szefa kierownictwa MW wraz ze sztabem.
- 31 sierpnia — krążownik przepłynął na Morze Północne.
- 1–10 września — *Leipzig* cumował w Wilhelmshaven.
- 11–22 września — zaokrętował się admirał E. Raeder ze sztabem, przejście na Bałtyk pod flagą admirała i udział w jesiennych manewrach floty; w przerwach uzupełnianie paliwa i prowiantu w Świnoujściu i Piławie.
- 22 września — parada morska przed ustępującym dowódcą floty, wiceadmirałem W. Gladischem.
- 24 września — okręt zacumował w Wilhelmshaven przy stanowisku „A 5"; podczas pobytu w bazie został przeholowany do stoczni MW, gdzie dokonano wymiany dwóch pojedynczych działek kalibru 37 mm na osiem działek kalibru 37 mm L/83 w czterech podwójnych lawetach C/30 (były to pierwsze stabilizowane trójosiowo armaty Reichsmarine).
- 16 października — *Leipzig* wypłynął na Bałtyk.
- 18 października–7 listopada — okręt zacumował w Zatoce Kilońskiej do beczki „A 7"; następnie kotwiczył na redzie Flensburga i odbył krótki rejs szkoleniowy po wodach Zatoki Meklemburskiej.
- 8 listopada — inspekcja okrętu przez kontradmirała H. Kolbe; po południu *Leipzig* wypłynął na Morze Północne.
- 11–15 listopada — okręt wpłynął do Wilhelmshaven i zacumował przy nabrzeżu dla okrętów w próbach.
- 13 listopada — wymiana rur torpedowych kalibru 500 mm na 533 mm.
- 16–24 listopada — przeholowany na miejsce postojowe „B 8".
- 26 listopada–16 grudnia — *Leipzig* wszedł na dok V stoczni MW; montaż dwóch pojedynczych dział kalibru 88 mm L/45 (z obu stron przyrządu kierowania ogniem SL-1) i dwóch podwójnych działek kalibru 20 mm L/65 C/30 (na galeryjce za rufowym stanowiskiem dalmierza), zamontowano również dodatkowe wsporniki antenowe na kominie.
- 16 grudnia — okręt powrócił na długi postój przy „B 8".

1934 r
- 16–24 stycznia — krążownik ponownie wszedł na dok V stoczni MW w Wilhelmshaven.
- 24 stycznia–15 lutego — w Wilhelmshaven; *Leipzig* cumował kolejno przy stanowisku „B 8", molu północnym III wejścia, „Cyplu parowym" i (krótko) na redzie Wilhelmshaven.
- 16 lutego–16 marca — okręt wypłynął na Bałtyk; początek intensywnego szkolenia załogi; kotwiczył w Zatoce Kilońskiej, zatoce Eckernförde, cumował do beczek „A 12" i „A 6".
- 17 marca — powrót do Wilhelmshaven; cumował przy prowianturze, na krótko wszedł na dok V stoczni MW.
- 10 kwietnia — krążownik wypłynął do Kilonii.
- 18 kwietnia — powrócił do Wilhelmshaven.
- 23 kwietnia — *Leipzig* wypłynął na Morze Północne; strzelania do tarcz i ćwiczenia w pływaniu zespołowym.
- 26 kwietnia — pierwsza oficjalna wizyta zagraniczna (kotwiczył na redzie Kristiansand w Norwegii; oddano salut państwowy złożony z 21 wystrzałów, na pokład przybył niemiecki konsul).
- 5 maja — okręt wypłynął na Bałtyk.
- 7–16 maja — kontynuacja ćwiczeń rozpoczętych na Morzu Północnym z udziałem pancerników *Schleswig-Holstein*, *Schlesien* i *Hessen*, okrętu pancernego *Deutschland*, krążowników *Köln* i *Königsberg* oraz I. i II. flotylli torpedowców; pływanie z parawanami; *Leipzig* kotwiczył na redzie Saßnitz i wpłynął do Świnoujścia.
- 18 maja — okręt odpłynął do Wilhelmshaven.
- 31 maja — wielka gala banderowa z okazji 18. rocznicy bitwy pod Skagerrakiem.
- 13–16 czerwca — krążownik kotwiczył na redzie Wilhelmshaven.
- 16 czerwca — odpłynął do Kilonii; szkolenie załogi na wodach Zatok Kilońskiej i Eckernförde oraz na wodach środkowego Bałtyku.
- 18 czerwca — inspekcja okrętu przez admirała E. Raedera.
- 21 czerwca–3 lipca — awaryjne wyjście na pomoc statkowi organizacji „Kraft durch Freude" (KdF) *Dresden*, który otarł się o skaliste dno w pobliżu Stavanger; po udzieleniu pomocy *Leipzig* wpłynął do portu; następnie kontynuował ćwiczenia na Bałtyku; kotwiczył na redzie Timmendorfer Strand i w Zatoce Kilońskiej.
- 3 lipca — krążownik przepłynął Kanał Kiloński.
- 5 lipca — wpłynął do Wilhelmshaven; na krótko wszedł na dok V, cumował przy pirsie prowiantury i molu północnym III wejścia.
- 9 lipca — *Leipzig* wypłynął pod flagą BdA razem z krążownikiem *Königsberg*.
- 10 lipca — okręty minęły trawers Dover.
- 11–15 lipca — pierwsza wizyta okrętów niemieckich w porcie angielskim (Portsmouth) po I wojnie światowej.
- 16 lipca — w kanale La Manche wymiana honorów z zespołem okrętów angielskich (pancerniki typu *Queen Elizabeth*, niszczyciele, okręty podwodne).
- 20 lipca — powrót do Wilhelmshaven; *Leipzig* zacumował przy miejscu postojowym „A 5".
- 26 lipca — wyjście na Morze Północne i dalej na wody północnego Atlantyku.

- 26–29 lipca — okręt rzucił kotwicę na redzie Reykjaviku.
- 30 lipca — powrót do Wilhelmshaven; krążownik zacumował przy stanowisku „A 5".
- 2 sierpnia — opuszczenie bandery z powodu śmierci prezydenta Rzeszy, P. von Hindenburga.
- 3 sierpnia — oddano 21 wystrzałów salutu żałobnego; złożono przysięgę na wierność nowemu zwierzchnikowi sił zbrojnych, kanclerzowi A. Hitlerowi.
- 6 sierpnia — marsz do Kilonii i następnie na Bałtyku.
- 6–8 sierpnia — udział w ćwiczeniach floty połączonych ze strzelaniami artyleryjskimi i torpedowymi (wspólnie z pancernikami *Schleswig-Holstein* i *Hessen*, krążownikami *Königsberg* i *Köln*); *Leipzig* służył również jako cel dla 2. półflotylli torpedowców; kotwiczył w Zatoce Meklemburskiej.
- 22–24 sierpnia — udział w ćwiczeniach dowodzonych przez BdA.
- 24–27 sierpnia — ćwiczenia bojowe w zespole floty.
- 28 sierpnia — na zakończenie ćwiczeń udział w paradzie morskiej; okręty płynęły w szyku torowym: krążowniki *Königsberg*, *Leipzig* i *Köln*, torpedowce I. flotylli, pancerniki *Schlesien* i *Schleswig-Holstein*.
- 29 sierpnia — regaty najlepszych osad wioślarskich z okrętów floty; bez sukcesu.
- 30 sierpnia–5 września — przerwa w ćwiczeniach, okręty po uzupełnieniu paliwa, amunicji i prowiantu przeszły na Morze Północne.
- 5–9 września — kontynuacja ćwiczeń dowodzonych przez BdA i BdL (dowódcę okrętów liniowych).
- 9 września — powrót na Bałtyk, ćwiczenia w ewolucjach zespołowych.
- 14–17 września — w przerwie ćwiczeń *Leipzig* cumował w Świnoujściu przy nabrzeżu „Hohenzollernbollwerk".
- 17–19 września — udział w końcowej fazie ćwiczeń.
- 22 września–11 listopada — *Leipzig* powrócił do Wilhelmshaven; następnie krążył po wodach Morza Północnego.
- 11–13 listopada — okręt cumował w Wilhelmshaven.
- 13 listopada–20 grudnia — krążownik zakotwiczył na redzie Helgolandu; następnie wokół Skagen przepłynął na Bałtyk; ćwiczenia z parawanami, w użyciu reflektorów, szkolenie dalmierzystów; służył jako cel dla okrętu pancernego *Deutschland*, 1. flotylli kutrów torpedowych i szkoły torpedowej; w przerwach cumował do beczek „A 9", „A 11" i „A 12" na redzie Kilonii.
- 7–9 grudnia — *Leipzig* powtórnie służył jako okręt-cel, kotwiczył na redzie Rendsburga; następnie powrócił do Kilonii i zacumował do beczki „A 5".
- 14–17 grudnia — przy pomocy dźwigu pływającego *Lange Heinrich* stoczni Deutsche Werke zainstalowano katapultę (okręt nadal cumował do beczki „A 5"); próby i testy sprzętu lotniczego.
- 20 grudnia — krążownik odpłynął do Wilhelmshaven na planowy remont.
- 22 grudnia — początek prac stoczniowych.

1935 rok

- 4 stycznia–14 lutego — w stoczni (zajęcia szkoleniowe dla marynarzy i podoficerów, zakończone promocją na wyższy stopień).
- 18 lutego — zakończenie pobytu w stoczni.
- 18–21 lutego — *Leipzig* cumował przy pirsie prowiantury i przy arsenale; pobranie pełnego zapasu prowiantu, wody, amunicji i paliwa.
- 21–25 lutego — wyjście w ujście Jade, a następnie na pełne morze na próby postoczniowe; marsz na Bałtyk; strzelania artyleryjskie, ogólne szkolenie załogi; w przerwach okręt cumował do beczki na redzie Kilonii.
- 12–13 marca — intensywne strzelania z dział artylerii przeciwlotniczej na Bałtyku.
- 19–20 marca — okręt znajdował się w dyspozycji „Dowództwa doświadczeń z artylerią".
- 21 marca–14 kwietnia — różne miejsca postoju w Kilonii; krążownik cumował do beczki na redzie lub do mola w porcie, kotwiczył w zatokach Strande i Eckernförde.
- 14 kwietnia — powrót na Morze Północne.
- 18 kwietnia — krążownik zacumował w Wilhelmshaven przy stanowisku „A 1".
- 21 kwietnia–9 maja — przejście do Kilonii; okręt przycumował do beczki „A 7", następnie na kotwicy w zatoce Strande, stąd codzienne wyjścia na strzelania z dział artylerii głównej: dzienne, nocne, do holowanych tarcz, zaporowe i do zdalnie kierowanego okrętu-celu *Zähringen*.
- 2 maja — oficjalne wprowadzenie nazwy „Kriegsmarine".
- 10 maja — powrót do Wilhelmshaven, *Leipzig* zacumował przy stanowisku „A 5"; następnie wypływał na ćwiczenia bojowe w rejonie Helgolandu.
- 25 maja–3 czerwca — zespołowe ćwiczenia na wodach Zatoki Niemieckiej z użyciem parawanów; uczestniczyły w nich również: okręt pancerny *Deutschland*, krążownik *Köln* oraz 3. półflotylla torpedowców.
- 4–7 czerwca — swoją flagę na krążowniku podniósł kontradmirał H. Boehm (BdA w okresie od września 1934 r. do września 1937 r.); udział w ćwiczeniach bojowych.
- 7–10 czerwca — okręt cumował w Wilhelmshaven.
- 10 czerwca — *Leipzig* wpłynął do Kilonii i zacumował do beczki „A 9".
- 11–20 czerwca — udział w „Ludowym Świątecznym Tygodniu Marynarki".
- 14 czerwca — na pokład przybył admirał E. Raeder.
- 15 czerwca — uroczysty capstrzyk.
- 20 czerwca — powrót do Wilhelmshaven, okręt zacumował w basenie budowlanym stoczni MW.
- 11 lipca — zakończenie pobytu w stoczni oraz pobierania amunicji, prowiantu i paliwa.
- 12–15 lipca — marsz na Bałtyk (po dostrojeniu przyrządów kierowania ogniem dział artylerii głównej).
- 15–30 lipca — początek ćwiczeń dowodzonych przez BdA, w przerwach (częściowo z powodu złej pogody) *Leipzig* kotwiczył w Zatoce Meklemburskiej, na redach Arendsee, Scharbeutz i Seeln; po zakończeniu ćwiczeń powrócił do Kilonii.
- 30 lipca — okręt załadował na pokład ładunek min i wypłynął razem z okrętami 4. półflotylli torpedowców na ćwiczebne stawianie zapory minowej.
- 2–4 sierpnia — krążownik cumował do beczki „A 11" w Kilonii; następnie brał udział w strzelaniach torpedowych i artyleryjskich floty w Zatoce Meklemburskiej.

Leipzig w stoczni Marine Werft w Wilhelmshaven w doku numer IV na przełomie lutego i kwietnia 1936 roku / S. Breyer

Cruiser Leipzig at the Marine Werft Naval Shipyard in Wilhelmshaven, overhauled in the Number IV dock in late February, early March, 1936 / S. Breyer

► Wejście do portu w Gdańsku w dniu 25 czerwca 1936 roku / Z. Bogdanowicz

► Cruiser Leipzig entering Danzig (Gdansk), on June 25, 1936 / Z. Bogdanowicz

- 18–29 sierpnia — jako okręt flagowy BdA; strzelania artyleryjskie i torpedowe floty; na pokładzie krótko gościł kanclerz A. Hitler.
- 30 sierpnia — zakończenie strzelań.
- 31 sierpnia — powrót do Wilhelmshaven.
- 8 września — początek manewrów jesiennych, szybko przerwanych z powodu bardzo złych warunków pogodowych; krążownik kotwiczył na redach Wilhelmshaven i Borkum.
- 11 września — na redzie Borkum wymiana honorów z zespołem floty holenderskiej: pancernikiem obrony wybrzeża *Hertog Hendrik*, dozorowcem Z 5 i okrętami podwodnymi O 15, O 13 i O 12.
- 16–19 września — jako okręt flagowy BdA; wyjście w morze.
- 18–19 września — *Leipzig* udzielił pomocy niesprawnemu torpedowcowi T 151.
- 20 września–13 października — krążownik cumował w Wilhelmshaven; krótkie wyjścia w morze z kandydatami na oficerów wachtowych.
- 26–28 października — kotwiczył na redach Wilhelmshaven i Schillig.
- 1 listopada — okręt wpłynął do Wilhelmshaven i zacumował przy stanowisku „A 4".
- 6 listopada — wielka gala banderowa; opuszczono dotychczasową banderę Republiki Weimarskiej („schwarz-weiß-rot"); *Leipzig* wypłynął na redę Schillig.
- 7 listopada — uroczyste podniesienie nowej bandery Kriegsmarine.
- 8–12 listopada — *Leipzig* opuścił Schillig i wpłynął do Wesermünde; następnie zacumował w „Kaiserhafen".
- 12 listopada — powrót na Jade; okręt zakotwiczył na redzie Voslapp.
- 23–25 listopada — udział w ćwiczeniach z użyciem reflektorów na Morzu Północnym.
- 25 listopada — opuszczono banderę z powodu śmierci admirała Johna Jellicoe.
- 25–28 listopada — ćwiczenia z krążownikiem *Köln*; wyjście na Bałtyk po krótkim postoju w Wilhelmshaven.
- 29 listopada–17 grudnia — szkolenie załogi na Bałtyku; w przerwach okręt cumował w Świnoujściu i Szczecinie.
- 9 grudnia — wymiana honorów ze szwedzkim krążownikiem *Götland*.
- 13 grudnia — w morzu, szkolenie dalmierzystów.
- 16 grudnia — w morzu, dzienne i nocne strzelania artyleryjskie.
- 18 grudnia — powrót do Wilhelmshaven.
- 20 grudnia — początek świątecznej dyspensy dla załogi.

1936 rok

- 1 stycznia — *Leipzig* został przydzielony do sił Morza Bałtyckiego z portem macierzystym w Kilonii.
- 2 stycznia — koniec dyspensy, przygotowania do wyjścia w morze.
- 6 stycznia — okręt opuścił Wilhelmshaven; wyjście na Morze Północne; początek szkolenia załogi; ćwiczenia z *Kölnem*, w przerwach okręt kotwiczył na Jade i w ujściu Wezery.
- 16 stycznia — przejście na Bałtyk, powtórnie ćwiczenia z *Kölnem* i szkolenie dalmierzystów.
- 17 stycznia — próby prędkości na mili pomiarowej w zatoce Eckernförde; po ich dokonaniu krążownik zacumował do beczki „A 9" na redzie portu w Kilonii.
- 19 stycznia–3 lutego — pobyt na pokładzie BdA.
- 20–25 stycznia — strzelania torpedowe w Zatoce Lubeckiej, *Leipzig* służył również jako okręt-cel.
- 25–27 stycznia — powrót do Kilonii.
- 27–31 stycznia — powtórne strzelania torpedowe w rejonie Lubeki; powrót do Kilonii.
- 28 stycznia — opuszczenie bandery z powodu pogrzebu angielskiego króla Jerzego V.

- 3–6 lutego — strzelania artyleryjskie do tarcz; okręt ponownie służył m.in. jako okręt-cel podczas strzelań torpedowych w Zatoce Lubeckiej.
- 12 lutego — kontynuacja strzelań torpedowych w rejonie Lubeki, a także strzelania z dział artylerii średniej.
- 15 lutego — *Leipzig* wpłynął do Wilhelmshaven, gdzie zdał amunicję i paliwo.
- 17 lutego–14 kwietnia — remont w stoczni MW; zajęcia szkoleniowe dla części załogi, pozostali przeszli na pokład hulku (zdeklasowanego krążownika) *Medusa*.
- 24 lutego–14 marca — *Leipzig* wszedł na dok IV stoczni MW.
- 14–28 marca — okręt przeholowano do stanowiska „B 8".
- 28 marca — koniec zajęć szkoleniowych załogi i egzaminy na wyższy stopień podoficerski.
- 28–31 marca — krążownik cumował przy „Cyplu parowym".

▲▼ W okresie od 25 do 28 czerwca *Leipzig* przebywał z wizytą w Gdańsku. Okręt zacumował w Basenie Wolnocłowym entuzjastycznie witany przez mieszkańców — urządzono pokaz sztucznych ogni / Z. Bogdanowicz

▲▼ Between June 25 and 28, 1936, cruiser Leipzig visited the Free City Danzig (Gdansk). She moored at the Dutyfree Wharf, enthusiastically greeted by the inhabitants of the city. A firework display was organized to mark the occassion / Z. Bogdanowicz

▲ Podejście do cumowania przy nabrzeżu w Basenie Wolnocłowym w Gdańsku / Z. Bogdanowicz

▲ Leipzig is coming alongside in the Dutyfree Wharf, Danzig (Gdansk) / Z. Bogdanowicz

- 31 marca–4 kwietnia — cumował przy molu północnym III wejścia.
- 4–14 kwietnia — kilka wyjść w morze na próby postoczniowe.
- 14 kwietnia — zakończenie okresu stoczniowego, Leipzig wyszedł na redę.
- 15 kwietnia — początek rejsu szkoleniowego razem z Kölnem i Nürnbergiem (BdA) — przez kanał La Manche, Zatokę Biskajską na Atlantyk; podczas marszu pływanie ze zmiennymi prędkościami (samodzielnie i w zespole); w akwenie na południe od Madery służył jako okręt-cel dla strzelań torpedowych prowadzonych przez Nürnberga.
- 16 kwietnia — w morzu; spotkanie z wycieczkowcami KdF: Der Deutsche i Sierra Cordoba.
- 19 kwietnia — spotkanie z wycieczkowcem KdF Oceana.
- 22 kwietnia — w morzu; uzupełnienie paliwa ze zbiornikowca Max Albrecht.
- 23–26 kwietnia — wizyta w Las Palmas (w przerwie ćwiczeń).
- 27–29 kwietnia — zespołowe ćwiczenia w pływaniu zmiennymi prędkościami.
- 29 kwietnia–3 maja — wizyta na redzie Lagos (Portugalia).
- 2 maja — ćwiczenia w katapultowaniu i podejmowaniu wodnosamolotu.
- 3 maja — kontynuacja prób; awaria wodnosamolotu typu V 85 G.
- 4–7 maja — ćwiczenia na Atlantyku (strzelanie z dział artylerii głównej, szkolenie radiooperatorów i dalmierzystów).
- 8 maja — Leipzig wpłynął do Wilhelmshaven i zacumował przy stanowisku „A 7".
- 11 maja — wyjście na Bałtyk.
- 12–16 maja — strzelania torpedowe w zatoce Eckernförde pod nadzorem specjalistów z „Instytutu doświadczeń torpedowych".
- 17–20 maja — strzelania z artylerii przeciwlotniczej w rejonie Rugii, wieczorem powrót na redę Kilonii; okręt cumował do beczek „A 2" i „A 9".
- 25 maja — próby szybkości na mili pomiarowej w zatoce Eckernförde.
- 26 maja — przygotowania do wielkiej parady morskiej w Zatoce Kilońskiej.
- 28 maja — okręty wywiesiły wielką galę banderową; oddano 21 wystrzałów salutu honorowego na cześć kanclerza Rzeszy, A. Hitlera.
- 29 maja — udział w rewii morskiej; po uroczystościach Leipzig zacumował do beczki „A 6".
- 3 czerwca — okręt wypłynął do Świnoujścia.
- 5 czerwca — wyjście ze Świnoujścia.
- 8–12 czerwca — na wodach Kattegatu; udział w ćwiczeniach pod dowództwem BdA.
- 12–14 czerwca — okręt kotwiczył w zatoce Aalback/Skagen.
- 14–17 czerwca — dokończenie ćwiczeń.
- 17–22 czerwca — pobyt w Wilhelmshaven.
- 22 czerwca — Leipzig wyszedł z bazy.
- 24 czerwca — krążownik wpłynął na Bałtyk.
- 25–28 czerwca — wizyta w Gdańsku; okręt zacumował w Basenie Wolnocłowym entuzjastycznie witany przez mieszkańców; grała kapela okrętowa, urządzono pokaz sztucznych ogni.
- 28 czerwca — marsz do Zatoki Lubeckiej.
- 29 czerwca — Leipzig służył jako cel dla samolotów i kutrów torpedowych; początek długiego okresu szkoleń na Bałtyku (kotwiczył między innymi na redach Timmendorfu, Warnemünde i Heiligendamm).
- 6–9 lipca — okręt służył jako cel dla okrętów podwodnych.
- 13–17 lipca — dzienne i nocne strzelania artyleryjskie (zaliczenie okresu szkolenia).
- 18–19 lipca — w Świnoujściu, cumował przy „Hohenzollernbollwerk".

- 20–22 lipca — zaokrętował się BdA; dzienne i nocne strzelania z dział artylerii głównej.
- 23 lipca–9 sierpnia — okręt cumował w Wilhelmshaven.
- 20 sierpnia — po uzupełnieniu zapasów amunicji, paliwa i prowiantu wypłynął na wody hiszpańskie (zmieniając krążownik *Köln*).
- 23 sierpnia — *Leipzig* z wywieszoną banderą topową zakotwiczył na redzie Portugalete; przejęcie zadań od *Kölna* (patrole od przylądka Gata do przylądka Oropesa); zgodnie z międzynarodowymi ustaleniami krążownik podniósł flagę „nieingerencji": dwa czarne koła na białym tle (w nocy flaga była stale oświetlona reflektorem).
- 31 sierpnia — okręt opuścił port; początek patroli na wodach północnohiszpańskich; krótkie wypady na Atlantyk.
- 1 września — w San Sebastian przyjął na pokład uciekinierów (zeszli na ląd w Saint Jean de Luz).
- 3 września — na redzie Gijon.
- 4–7 września — na redzie La Coruña.
- 9 września — w morzu; do burty przycumowały torpedowce *Wolf* i *Jaguar* i przejęły kolejnych uchodźców; w dniach następnych zawijał do La Coruña, Caraminal i El Ferrol, tam dowódca krążownika złożył wizytę dowódcy floty hiszpańskiej.
- 26 września — w rejonie Santander zaobserwowano okręty floty republikańskiej: pancernik *Jaime I*, krążowniki *Libertad* i *Miguel de Cervantes*, niszczyciele *Jose Luiz Dies*, *Almirante Antequera*, *Escano* i *Almirante Miranda*.
- 6–8 października — w La Coruña; zakończenie patroli hiszpańskich; zadania przejął krążownik *Köln*; okręty wspólnie przeprowadziły strzelania torpedowe.
- 10 października — powrót do Wilhelmshaven; przygotowania do planowego remontu w macierzystej stoczni.
- 14 października — początek okresu stoczniowego.
- 5–9 grudnia — wizyta części załogi w Lipsku.

1937 rok

- 21–22 stycznia — próby postoczniowe na Morzu Północnym.
- 3 lutego — koniec remontu.
- 4 lutego–9 marca — *Leipzig* przepłynął do Kilonii, początek cyklu szeroko zakrojonych prób mechanizmów i szkoleń załogi, prób na mili pomiarowej, strzelań artyleryjskich i torpedowych na Bałtyku, w Zatokach Kilońskiej, Lubeckiej i Meklemburskiej; po zakończeniu okręt przeszedł do Wilhelmshaven.
- 9 marca — krążownik wypłynął na wody hiszpańskie.
- 10 marca — przeszedł kanał La Manche.
- 11 marca — w czasie sztormu na wodach Zatoki Biskajskiej okręt odniósł niewielkie uszkodzenia (między innymi puściły zamocowania dźwigu do obsługi samolotu, pojawiły się rysy na pokładzie w rejonie przedziałów nr VI i VII).
- 12 marca — o 21.00 *Leipzig* rzucił kotwicę na redzie El Ferrol, przejmując zadania od krążownika *Köln*.
- 13 marca — o 07.00 *Köln* odpłynął do Niemiec; załoga *Leipziga* przystąpiła do usuwania szkód sztormowych.
- 14 marca — wizyta hiszpańskiego admirała na pokładzie okrętu.
- 15 marca — uzupełnienie paliwa ze zbiornikowca *Wollin*.
- 17 marca — o 18.50 wypłynął z El Ferrol na patrol; o 23.00 rzucił kotwicę w zatoce Barquera (nastąpiło tam też spotkanie z angielskimi niszczycielami *Brillant* i *Beagle*).
- 18 marca — o 07.00 *Leipzig* podniósł kotwicę i kontynuował patrol; o 21.00 na wysokości Passajes zwrot na kurs powrotny.
- 19 marca — o 11.20 spotkanie z pancernikiem *Espana*; o 17.00 krążownik zacumował w El Ferrol.

▼ *Leipzig* wychodzi ze Świnoujścia / M. Skwiot

▼ *Cruiser Leipzig coming out of Swinemünde (Swinoujscie)* / M. Skwiot

▲ *Leipzig* w całej okazałości sfotografowany z prawej burty, lata 1936–1938 / via Autor

▲ *Starboard broadside view of the cruiser Leipzig, 1936–1938* / via Author

▼ Fotografia wykonana podczas strzelań torpedowych, 1936–1938 rok / via Autor

▼ *Torpedo practice, 1936–1938* / via Author

- 23 marca — od 17.00 marsz do Algeciras.
- 25 marca — w morzu; o 05.48 spotkanie z okrętem pancernym *Admiral Scheer* (pozycja: 35°57' N, 6°01' W). O 09.19 *Leipzig* wpłynął do Algeciras.
- 26 marca — o 13.01 zaokrętował się BdA; wyjście do Ceuty.
- 27–30 marca — w porcie.
- 30 marca — wyjście na długi patrol na Morzu Śródziemnym w akwenie Kadyks–Tanger.
- 12 kwietnia — krążownik rzucił kotwicę na redzie Malagi, wieczorem wyjście w morze.
- 13–14 kwietnia — na redzie Melliti (Maroko hiszpańskie); następnie krążownicza służba patrolowa.
- 17–19 kwietnia — na redzie Algieru.
- 20–27 kwietnia — ćwiczenia bojowe na Atlantyku.
- 29 kwietnia — o 16.37 BdA ze sztabem przeszedł (w umownym punkcie „A") na krążownik *Nürnberg*; marsz w rejon Valencii (do punktu kontrolnego „C").
- 30 kwietnia — o 05.20 przejęcie na redzie Valencii (w punkcie „C") zadań od pancernika *Admiral Graf Spee*; o 07.00 odpłynął on do Niemiec.
- 4 maja — *Leipzig* wypłynął z punktu „C" do punktu „D" (rejon Cullera).
- 5 maja — o 15.15 *Leipzig* osiągnął punkt „D"; w godzinach 16.45–21.45 pobrał paliwo ze zbiornikowca *Neptun*; od 22.30 marsz do punktu kontrolnego „C" (przylądek Oropesa).
- 6–7 maja — w rejonie punktu „C".
- 7 maja — o 00.45 do burty przycumował torpedowiec *Luchs*; przekazanie zadań; o godzinie 02.10 wyjście w morze; o 10.15 krążownik przycumował do beczki na redzie Palma de Mallorca.
- 9 maja — o 08.00 kurtuazyjne podniesienie wielkiej gali banderowej z okazji święta Joanny d'Arc; o 18.30 *Leipzig* odpłynął w rejon Alicante.
- 10 maja — o 04.30 spotkanie z U 25; przekazanie prowiantu; o 10.00 w punkcie „B" kontrolę przejął *Nürnberg*; marsz do punktu „A".
- 10–15 maja — w rejonie punktu „A" (Cartagena).
- 11 maja — o 23.40 zauważono w odległości 30 hm dwa niszczyciele płynące z wygaszonymi światłami; ogłoszenie alarmu bojowego.
- 13 maja — w godzinach 05.40–07.45 pobranie paliwa ze zbiornikowca *Neptun*; od 20.00 wachta bojowa na lewej burcie.
- 14 maja — od 00.00: wachta bojowa na prawej burcie.

◀ Wimpel na topie wskazuje na powrót z rejsu zagranicznego — z patroli na wodach Hiszpanii
/ S. Breyer

◀ Topmast pennant indicates, that cruiser Leipzig have just arrived home from foreign cruise – this time from patrolling waters outside the civil war torn Spain
/ S. Breyer

- 15 maja — w godzinach 00.30–01.30 przejęcie zadań przez okręt pancerny *Admiral Scheer*; o 01.32 początek rejsu na wody ojczyste; opuszczenie flagi międzynarodowej kontroli.
- 18 maja — w kanale La Manche.
- 19 maja–1 czerwca — *Leipzig* przepłynął Kanał Kiloński, wpłynął do Kilonii; przegląd mechanizmów, drobne remonty, uzupełnienie prowiantu.
- 1 czerwca — krążownik opuścił Kilonię, marsz na wody hiszpańskie.
- 2 czerwca — na wodach Zatoki Biskajskiej; dalszy marsz na południe.
- 5–6 czerwca — na redzie Algeciras, podniesiono międzynarodowy sygnał patrolowy.
- 6 czerwca — załoga na stanowiskach bojowych; wymiana trzynastu wystrzałów salutu z japońskim krążownikiem *Ashigara*.
- 7–8 czerwca — w punkcie kontrolnym „B".
- 8–9 czerwca — w punkcie kontrolnym „C".
- 9–10 czerwca — w punkcie kontrolnym „D".

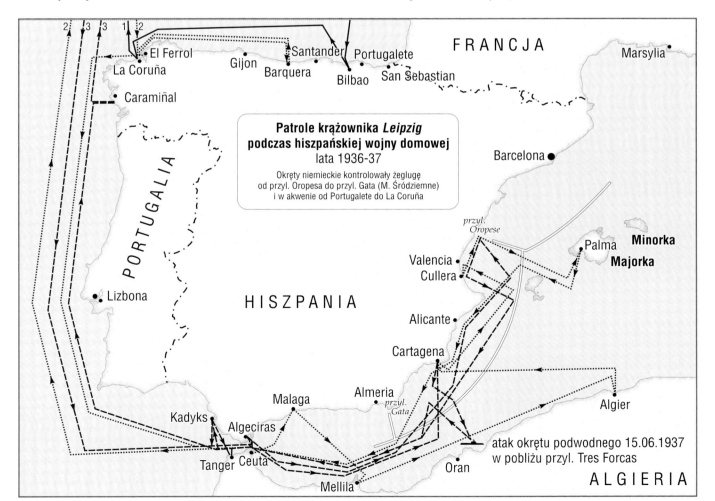

▲▼ Dwa zdjęcia wykonane tego samego dnia w Kilonii w okresie 1936–1938 / S. Breyer

▲▼ Two photos of the cruiser Leipzig taken on the same day in Kiel, sometime between 1936 and 1938 / S. Breyer

- 10–11 czerwca — na redzie Kadyksu.
- 11–14 czerwca — na redzie Tangeru.
- 11 czerwca — dowódca *Leipziga* udał się z kurtuazyjną wizytą na pokład krążownika liniowego *Hood*.
- 12 czerwca — kolejne wizyty dowódcy okrętu na pokładach francuskiego krążownika *Duquesne* oraz włoskiego niszczyciela *Emanuele Pessagno*.
- 15 czerwca — w drodze do punktu „A" *Leipzig* prawdopodobnie stał się celem ataku okrętu podwodnego w pobliżu przylądka Tres Forcas (o 09.25 operator szumonamierników zameldował odgłos zbliżającej się torpedy).
- 18 czerwca — rejon punktu „A"; o 15.37 meldunek o strzale torpedowym (pozycja: 36°06' N, 00°23' W).
- 19 czerwca — *Leipzig* opuścił punkt „A" i wpłynął do bazy Cadiz (Kadyks).
- 20 czerwca — oględziny dokonane przez nurka wykazały w poszyciu na lewej burcie, w rejonie przedziału V, czteromilimetrowe wgłębienie o średnicy 15 cm (uderzenie torpedy pod bardzo ostrym kątem?); kurtuazyjna wizyta dowódcy na pokładzie hiszpańskiego krążownika *Baleares*; rewizyta hiszpańskiego admirała Moreno.
- 21 czerwca — krążownik opuścił Cadiz.
- 22–24 czerwca — pobyt na redzie Algeciras.
- 24 czerwca — zaokrętował się kontradmirał H. von Fischel, dowódca pancerników (BdP).
- 25–26 czerwca — *Leipzig* kotwiczył na redzie Caraminal (zatoka Arosa); uzupełnienie paliwa i wyjście w morze.
- 27 czerwca — na wodach Zatoki Biskajskiej.
- 28 czerwca — spotkanie z krążownikiem *Köln*, wspólny marsz na wody ojczyste.
- 29 czerwca — *Leipzig* wpłynął do Kilonii (gdzie wyokrętował się BdP); okręt wszedł na dok VI Deutsche Werke.
- 4 sierpnia — koniec pobytu w stoczni.
- 5–9 sierpnia — próby postoczniowe, w przerwach cumował do beczek „A 4" i „A 9".
- 10–14 sierpnia — pierwsza tura strzelań torpedowych floty w Zatoce Meklemburskiej.
- 14–16 sierpnia — okręt kotwiczył na redzie Rugii.
- 16–20 sierpnia — druga tura strzelań torpedowych floty.
- 20–25 sierpnia — okręt kotwiczył na redzie Dahme.
- 25–27 sierpnia — strzelania z dział artylerii głównej i przeciwlotniczej.

- 27–30 sierpnia — *Leipzig* cumował przy „Hohenzollernbollwerk" w Świnoujściu; zaokrętowali się admirał E. Raeder i BdA.
- 30–31 sierpnia — dzienne i nocne strzelania z dział artylerii głównej.
- 1–5 września — krążownik cumował przy „Scharnhorst Brücke" w Kilonii.
- 6–15 września — udział w jesiennych manewrach floty na Bałtyku i Morzu Północnym.
- 10–13 września — pobyt na redzie Wilhelmshaven.
- 14 września — marsz do Kilonii.
- 17 września — zaokrętował się kontradmirał H. Densch (nowo mianowany BdA); wyjście na Bałtyk.
- 17–24 września — manewry wszystkich rodzajów sił zbrojnych na Bałtyku; kontradmirał H. Densch dowodził grupą „niebieską".
- 18–20 września — *Leipzig* cumował w Piławie.
- 20–23 września — pobyt w Świnoujściu.
- 24 września — BdA opuścił pokład.
- 25–27 września — okręt ponownie cumował w Świnoujściu.
- 26 września — mała gala banderowa z okazji wizyty B. Mussoliniego w Berlinie.
- 27 września — udział w paradzie morskiej na cześć ustępującego BdA, wiceadmirała H. Boehma; oddano 15 wystrzałów salutu pożegnalnego (na redzie Świnoujścia).

▲▼ *Kolejna para zdjęć wykonanych prawdopodobnie w tym samym dniu na redzie w Kilonii, lata 1936–1938* / via Autor

▲▼ *Two more photos, probably taken on the same day in Kiel, 1936–1938* / via Author

▼▶ Kolejna para zdjęć wykonanych prawdopodobnie w tym samym czasie. Zauważyć można brak wodnosamolotu / via Autor

▼▶ *Another pair of snapshots of the same era — note lacking floatplane* / via Author

- 28 września — kontradmirał H. Densch objął obowiązki BdA.
- 7 października — krążownik zacumował w Kilonii; inspekcja okrętu i załogi przez BdA.
- 8 października — marsz do Wilhelmshaven.
- 10 października — wizyta amerykańskiego attaché morskiego.
- 11 października — przejście do Kilonii; początek długiego okresu pływań i szkoleń na Bałtyku.
- 12–18 października — *Leipzig* kotwiczył na redzie Flensburga i w zatoce Eckernförde, powrót do Kilonii.
- 19–22 października — wyjścia w morze; próby z parawanami.
- 5 listopada — wspólne ćwiczenia z krążownikiem *Köln*, powrót do Kilonii.
- 8–10 listopada — ponowne ćwiczenia z *Köln*, powrót do Kilonii.
- 18 listopada — wyjście na wody północnego Bałtyku.
- 19–23 listopada — wizyta w Tallinie.
- 20 listopada — na pokład z kurtuazyjną wizytą przybył dowódca estońskiej MW.
- 21 listopada — kompania reprezentacyjna wzięła udział w złożeniu wieńca na cmentarzu bohaterów.
- 26 listopada — strzelania z dział artylerii przeciwlotniczej i broni maszynowej na wodach środkowego Bałtyku.
- 29 listopada–2 grudnia — strzelania artyleryjskie z dział wszystkich kalibrów.
- 6–12 grudnia — ćwiczenia zespołowe z krążownikami *Nürnberg*, *Köln* i *Karlsruhe* na wodach Zato-

◀ Widok z lewej burty na śródokręcie / S. Breyer

◀ Portside view to the amidships / S. Breyer

ki Meklemburskiej; strzelania torpedowe na wodach Zatoki Kilońskiej.
* 13–15 grudnia — ponowne ćwiczenia zespołowe z *Nürnbergiem*, *Kölnem* i *Karlsruhe*; dzienne i nocne strzelania z dział artylerii głównej.
* 17 grudnia — *Leipzig* wpłynął do Kilonii.

1938 rok
* 4–8 stycznia — *Leipzig* służył jako okręt-cel podczas strzelań torpedowych w Zatoce Kilońskiej.
* 8–10 stycznia — pobyt na redzie Flensburga.
* 10–12 stycznia — okręt w dyspozycji dowództw: „Doświadczeń z artylerią okrętową" i „Instytutu doświadczeń ze środkami zaporowymi".
* 14 stycznia — ćwiczenia z parawanami i ćwiczebne stawianie min.
* 14–18 stycznia — krążownik cumował w Kilonii.
* 18–21 stycznia — strzelania z broni małokalibrowej i ćwiczenia pod kierownictwem oficerów z „Instytutu doświadczeń ze środkami zaporowymi".
* 24–26 stycznia — strzelania z broni małokalibrowej, ćwiczenia w przyjmowaniu paliwa podczas holowania (z niszczyciela *Georg Thiele*).

▼ Przejście przez Kanał Kiloński, most Levensau rzuca cień na komin i fragment burty, co powoduje złudzenie, że okręt posiada kamuflaż / S. Breyer

▼ Cruiser Leipzig is negotiating the Kiel Channel. Shadow cast by the Levensau bridge gives the ship an appearence of camouflage painting / S. Breyer

▲ Parada burtowa załogi podczas przeglądu jednostek floty / AJ–Press

▲ Crew manning the rails during a fleet review / AJ–Press

▼ Leipzig w śluzie Kanału Kilońskiego / via Autor

▼ Cruiser Leipzig inside one of the Kiel Channel locks / via Author

- 1–3 lutego — ćwiczenia z krążownikiem *Karlsruhe*.
- 7–12 lutego — ćwiczenia obsad dział artylerii przeciwlotniczej.
- 14–17 lutego — strzelania do celów powietrznych.
- 28 lutego–2 marca — ćwiczenia bojowe i holownicze z krążownikiem *Nürnberg*; powrót do Kilonii.
- 8–9 marca — *Leipzig* służył jako okręt-cel dla flotylli okrętów podwodnych „Weddigen".
- 10 marca — okręt opuścił Kilonię, przejście przez cieśniny duńskie; w nocy na wodach Kattegatu i Skagerraku strzelania z dział artylerii głównej.
- 11 marca — rano na redzie Skudesnäs na pokład wszedł norweski pilot; marsz przez Karm-Sund, fiordy Bömmel i Hardanger; przy wyspie Varalds Ö zwrot na kurs powrotny; wieczorem spotkanie z *Kölnem*, wspólny rejs przez Skagerrak, Kattegat i Wielki Bełt.
- 13–14 marca — postój w Świnoujściu, uzupełnienie paliwa, amunicji i prowiantu.
- 14–20 marca — udział w ćwiczeniach dowodzonych przez BdA w środkowej i wschodniej części Bałtyku; wejście do Piławy.
- 30 marca — okręt zacumował przy arsenale morskim w Kilonii; początek remontu w Deutsche Werke.
- 9–12 kwietnia — podniesienie bandery topowej z okazji proklamowania Wielkiej Rzeszy Niemieckiej.
- 7 maja — koniec pobytu w stoczni.
- 8–23 maja — *Leipzig* cumował przy pirsie prowiantury.
- 24–25 maja — wyjście na zachodni Bałtyk; powrót do Kilonii.
- 27–28 maja — ćwiczenia z pancernikiem *Admiral Graf Spee*; powrót do Kilonii.
- 1–7 czerwca — wyjście na ćwiczenia w pływaniu zespołowym (również z parawanami) na zachodnim Bałtyku.
- 8–12 czerwca — przebiegi na mili pomiarowej w zatoce Eckernförde.
- 11 czerwca — podniesiono flagę BdP, kontradmirała W. Marschalla.
- 13 czerwca — rejs na Morze Północne; udział w ćwiczeniach floty; w przerwach krążownik krótko kotwiczył na redzie Wilhelmshaven.
- 23 czerwca — zakończenie ćwiczeń.
- 24 czerwca — BdP zszedł z pokładu.

Wyjście w morze z Zatoki Kilońskiej. Z lewej strony fragment rufy okrętu szkolnego *Schleswig-Holstein* / NHC

Fleet putting out to sea from the Kieler Bucht (Kiel Bay). To the left partly visible stern of the training battleship Schleswig-Holstein / NHC

- 24 czerwca–14 lipca — manewry na Morzu Północnym i na Bałtyku; okręt kotwiczył w ujściu Jade, na redzie Kilonii i w ujściu Łaby; wspólne ćwiczenia bojowe z okrętem pancernym *Admiral Scheer*; w przerwach kotwiczył na redach Schillig, Helgolandu, cumował w Wilhelmshaven i Bremerhaven.
- 15 lipca — *Leipzig* przeszedł do Kilonii; kontynuacja programu szkoleń.
- 19–27 lipca — udział w strzelaniach torpedowych floty w Zatoce Lubeckiej z udziałem okrętów pancernych *Deutschland*, *Admiral Scheer* i *Admiral Graf Spee*, okrętu szkolnego *Schleswig-Holstein*, krążowników *Nürnberg* i *Köln*, 2. dywizjonu niszczycieli, 4. flotylli torpedowców i innych okrętów; *Leipzig* kotwiczył na redzie Dahme i służył jako cel dla okrętów podwodnych flotylli „Weddigen".
- 8 sierpnia — początek strzelań artyleryjskich floty na środkowym Bałtyku.
- 14–16 sierpnia — na pokład krążownika zaokrętował się admirał E. Raeder.

▼ *Leipzig przy pomoście, a z prawej strony krążownik Nürnberg w 1938 roku* / S. Breyer

▼ *Cruiser Leipzig at the landing, with cruiser Nürnberg to the right, 1938* / S. Breyer

▲ Zdjęcie wykonane prawdopodobnie na redzie jednego z portów w Hiszpanii / S. Breyer

▲ Cruiser Leipzig at the roadstead of probably some Spanish port / S. Breyer

- 19 sierpnia — zakończenie strzelań; powrót do Zatoki Kilońskiej; przygotowania do rewii morskiej.
- 22 sierpnia — podniesienie flagi węgierskiej; wielka parada morska z okazji wizyty regenta Węgier, admirała N. von Horthy'ego i wodowania krążownika *Prinz Eugen*; uczestniczyły w niej: krążownik liniowy *Gneisenau* (BdF, admirał R. Carls), okręty pancerne *Deutschland* (BdP), *Admiral Graf Spee* i *Admiral Scheer*, krążowniki *Nürnberg* (BdA), *Leipzig*, *Köln* i *Königsberg*, niszczyciele *Leberecht Maaß* (FdT), *Richard Beitzen*, *Georg Thiele*, *Max Schultz*, *Paul Jacobi*, *Theodor Riedel*, *Hermann Schoemann*, *Erich Steinbrinck*, *Friedrich Ihn*, *Friedrich Eckoldt*, *Bruno Heinemann* i *Wolfgang Zenker*, torpedowce *Leopard*, *Luchs*, *Seeadler*, *Tiger*, *Wolf*, *Iltis*, *Albatros* i *Jaguar*, okręty podwodne, eskortowce, trałowce, kutry trałowe, szkolne okręty artyleryjskie *Brummer* i *Bremse*, a także tendry T 196 oraz T 158.
- 23–27 sierpnia — udział w jesiennych ćwiczeniach floty; *Leipzig* pełnił dozór na wodach Wielkiego Bełtu.
- 28–31 sierpnia — krążownik kotwiczył na redzie Schillig, parada burtowa załogi podczas spotkania z włoskimi szkolnymi żaglowcami *Amerigo Vespucci* i *Cristoforo Colombo*.
- 1–13 września — okręt cumował w Kilonii.
- 5 września — opuszczenie bandery z powodu zatonięcia żaglowca *Admiral Karpfanger*.
- 11 września — zaokrętował się BdP.
- 13–17 września — udział w jesiennych manewrach floty na Morzu Północnym (uczestniczyły w nich także: krążownik liniowy *Gneisenau*, okręty pancerne *Admiral Scheer* i *Admiral Graf Spee*, krążowniki *Köln* i *Nürnberg* oraz niszczyciele i torpedowce).
- 17–28 wrzesień — pobyt w Kilonii.
- 29 września–6 października — marsz na Morze Północne; postój na redzie Wilhelmshaven.
- 7 października — przejście do Kilonii.
- 14–19 października — strzelania artyleryjskie w Zatokach Meklemburskiej i Kilońskiej.
- 20 października — strzelania z broni małokalibrowej; opuszczenie bandery (zatonął *Minera!*, mały stateczek z Kilonii).
- 21–26 października — *Leipzig* wszedł na dok w stoczni Deutsche Werke.
- 27 października — wyjście w morze; określanie zużycia paliwa.
- 27 października–20 listopada — przy nabrzeżu stoczni Deutsche Werke.
- 5 listopada — inspekcja załogi przez nowego dowódcę floty, admirała H. Boehma.
- 21–22 listopada — próby postoczniowe w Zatoce Kilońskiej.
- 23–24 listopada — marsz w rejon Bornholmu; próby siłowni na pełnej mocy; powrót do Kilonii.
- 28 listopada–1 grudnia — udział w strzelaniach torpedowych floty w Zatoce Meklemburskiej.
- 2 grudnia — krążownik wszedł na dok w Deutsche Werke.
- 3–7 grudnia — strzelania artyleryjskie w Zatoce Kilońskiej.
- 8–9 grudnia — w Kilonii; wielka gala banderowa z okazji wodowania lotniskowca *Graf Zeppelin*.
- 10 grudnia — strzelania z dział artylerii głównej.
- 10–13 grudnia — w Kilonii.
- 13–14 grudnia — powtórne strzelania z dział artylerii głównej; powrót do Kilonii.
- 17 grudnia — początek remontu w stoczni Deutsche Werke.

1939 rok

* 15 marca — koniec remontu; przygotowania do wyjścia w morze.
* 20–22 marca — udział w ćwiczeniach dowodzonych przez BdA na wodach środkowego Bałtyku.
* 22 marca — przerwanie ćwiczeń; *Leipzig* zacumował w Świnoujściu; na pokład wszedł admirał Erich Raeder; wyjście w zespole do Kłajpedy (Memel); skład zespołu: okręty pancerne *Deutschland* (z A. Hitlerem na pokładzie), *Admiral Graf Spee* i *Admiral Scheer*, krążowniki *Nürnberg* i *Köln*, niszczyciele *Leberecht Maaß*, *Richard Beitzen*, *Georg Thiele*, *Max Schultz*, *Friedrich Ihn*, *Friedrich Eckoldt* i *Hermann Künne*, dziewięć torpedowców, eskortowce, trałowce i kutry trałowe.
* 23 marca — na redzie Kłajpedy; *Leopard* (z kanclerzem na pokładzie) oraz mniejsze jednostki wpłynęły do portu; proklamacja przyłączenia „Memellandu" do Rzeszy, oddano 21 wystrzałów salutu honorowego.
* 24 marca — powrót do Świnoujścia z podniesioną wielką galą banderową (tam wyokrętował się głównodowodzący marynarki); wyjście w morze.
* 26 marca — *Leipzig* ponownie w Świnoujściu.
* 27–30 marca — kontynuacja ćwiczeń na Bałtyku.
* 30 marca — na redzie Kilonii.
* 1–4 kwietnia — przegląd mechanizmów w stoczni Deutsche Werke.
* 4–5 kwietnia — próby postoczniowe.
* 6 kwietnia — wyjście na Zatokę Kilońską; ćwiczenia z parawanami.
* 7–17 kwietnia — postój w Kilonii.
* 15 kwietnia — zaokrętował się BdA ze sztabem.
* 17 kwietnia — przejście przez Kanał Wilhelma; z powodu sztormu *Leipzig* rzucił kotwicę na redzie Helgolandu.

▲ *Leipzig* w 1939 roku zakotwiczony w Kieler Förde / S. Breyer

▲ Cruiser *Leipzig* anchoring in Kieler Förde, 1939 / S. Breyer

▼ *Leipzig* przy nabrzeżu w Świnoujściu w 1939 roku / S. Breyer

▼ *Leipzig* moored at Swinemünde (Swinoujscie), 1939 / S. Breyer

▲ Ćwiczenia holownicze podczas manewrów floty przeprowadzone na wiosnę 1939 roku. Z lewej burty widać fragment dziobu pancernika kieszonkowego *Deutschland*
/ S. Breyer

▲ Open sea towing practice during the fleet exercise, spring of 1939. To the left of the Leipzig partly visible is the pocket battleship's Deutschland's bow
/ S. Breyer

▶ Kolejne zdjęcie przedstawiające manewry floty niemieckiej przeprowadzone w kwietniu 1939 roku
/ S. Breyer

▶ Another photo from the Kriegsmarine fleet exercise in April, 1939 / S. Breyer

- 18 kwietnia — sformowanie zespołu floty (okręt pancerny *Admiral Graf Spee*, krążowniki *Köln* i *Leipzig*, niszczyciele *Leberecht Maaß*, *Richard Beitzen*, *Georg Thiele*, *Max Schultz*, *Friedrich Ihn*, *Erich Steinbrinck*, *Friedrich Eckoldt* i *Diether von Roeder*, okręty podwodne oraz zaopatrzeniowce) i marsz na Atlantyk.
- 20 kwietnia — przejście Cieśniny Kaletańskiej; wymiana honorów z transatlantykiem *Bremen*.
- 27 kwietnia–3 maja — krążownik rzucił kotwicę na redzie Tangeru; wymiana honorów z francuskimi niszczycielami *Mogador* i *Volta* oraz brytyjskim *Grafton*.
- 2 maja — na pokład *Leipziga* przybył dowódca francuskiego krążownika *Emile Bertin*.
- 3–6 maja — manewry na Atlantyku; okręt wpłynął następnie do hiszpańskiego portu Pontevedra.
- 10 maja — okręt kotwiczył na redzie hiszpańskiego portu La Coruña.

- 11–12 maja — ćwiczenia bojowe na Atlantyku.
- 13–17 maja — marsz powrotny na wody ojczyste.
- 17 maja — w Kilonii BdA przeszedł na pokład krążownika *Nürnberg*.
- 17 maja–5 czerwca — *Leipzig* cumował przy „Blücherbrücke".
- 5 czerwca — początek rejsu szkoleniowego w rejon Rugii i na wody środkowego i wschodniego Bałtyku.
- 6 czerwca — pomiary prędkości na mili pomiarowej w Kieler Förde.
- 7–8 czerwca — strzelania z broni małokalibrowej (również do celów morskich).
- 9 czerwca — zakończenie szkolenia i powrót do Kilonii.
- 11 czerwca — ćwiczenia zespołowe; przejście przez Wielki Bełt.
- 12 czerwca — ćwiczenia holowania (z krążownikiem *Nürnberg*) i ćwiczenia w pływaniu nocnym.
- 13–14 czerwca — ćwiczenia w wykrywaniu min i w forsowaniu pól minowych; *Leipzig* współdziałał z 4. flotyllą niszczycieli i służył jako cel przy pozorowanych atakach lotnictwa i okrętów podwodnych.
- 15–16 czerwca — ćwiczenia bojowe (także nocne).
- 17–20 czerwca — postój w Kilonii.
- 20 czerwca — ćwiczenia w stawianiu min; krążownik służył również jako cel dla kutrów torpedowych.
- 21–22 czerwca — ćwiczenia dowodzone przez BdA — zastosowanie „środków zaporowych" (miny, sieci, bony) na wodach Kattegatu, Skagerraku i Zatoce Niemieckiej (podejścia do Cuxhaven).
- 24 czerwca–17 lipca — w Kilonii.
- 17 lipca — strzelania (wspólnie z krążownikiem *Köln*) do celów powietrznych (także z użyciem reflektorów); szkolenie dalmierzystów podczas ćwiczeń z krążownikami *Köln* i *Nürnberg*.
- 18–19 lipca — strzelania do celów lądowych; strzelania nocne.
- 20 lipca — załoga zaliczyła „zadanie bojowe nr 8"; nocny postój na kotwicy na redzie Sassnitz.
- 22 lipca — nocne strzelania artylerii średniego kalibru.

◄ Zdjęcie lotnicze śródokręcia *Leipziga*. Oprócz łodzi komunikacyjnych i szalup na zdjęciu widać wodnosamolot He 60C o oznaczeniu 60+F95 / S. Breyer

◄ Aerial photo of the cruiser *Leipzig* amidships. Besides the lifeboats and service cutters, this photo shows also a Heinkel He 60C floatplane, marked 60+F95 / S. Breyer

- 24 lipca — dzienne i nocne strzelania z dział głównego kalibru.
- 25 lipca — zespołowe strzelania do celów powietrznych.
- 1 sierpnia — zaliczenie „zadania bojowego nr 7".
- 7 sierpnia — dzienne i nocne strzelania torpedowe.
- 8 sierpnia — *Leipzig* służył jako cel dla 3. dywizjonu niszczycieli.
- 9 sierpnia — pozorowane ataki torpedowe na krążownik liniowy *Gneisenau*.
- 10 sierpnia — okręt służył jako cel podczas strzelań torpedowych krążownika *Köln*.
- 11 sierpnia — *Leipzig* powtórnie był celem podczas ataków torpedowych niszczycieli 3. dywizjonu; następnie powrócił do Kilonii.
- 23 sierpnia — wyjście w morze; następnie *Leipzig* wpłynął do Świnoujścia i zacumował przy „Eichstaden"; uzupełnienie amunicji, paliwa i prowiantu.
- 24 sierpnia — o 17.00 krążownik wypłynął na środkowy Bałtyk; ogłoszenie stanu podwyższonej gotowości; w nocy powrót na redę Świnoujścia.
- 25 sierpnia — o 08.45 razem z krążownikami *Nürnberg* (BdA) i *Köln* oraz trzema niszczycielami wypłynął z redy; od 12.30 wachta bojowa; zespół krążył na wodach środkowego Bałtyku w oczekiwaniu na sygnał o rozpoczęciu działań przeciwko Polsce.
- 27 sierpnia — zespołowe pływanie w rejonie Ustki; o 02.39 podczas manewrów zatonął torpedowiec *Tiger*, staranowany przez niszczyciel *Max Schultz*; od 20.41 postój na kotwicy z wygaszonymi światłami na Ławicy Słupskiej.
- 28 sierpnia — od 06.45 kontynuowanie patrolu, o 23.40 *Leipzig* zacumował przy Eichstaden w Świnoujściu.
- 29 sierpnia — uzupełnienie paliwa i prowiantu.
- 30 sierpnia — o 09.00 okręt odcumował; o 13.24 zakotwiczył na redzie; o 22.45 wypłynął w zespole w rejon środkowego Bałtyku.
- 31 sierpnia — w morzu; o 13.20 BdA otrzymał przez radio rozkaz o przejściu do dyspozycji „Marinegruppe West" razem z krążownikami *Leipzig* i *Köln* oraz niszczycielami 5. dywizjonu (*Diether von Roeder*, *Hans Lüdemann* i *Herman Künne*), a także torpedowcami 5. i 6. flotylli; *Leipzig* przepłynął na redę Świnoujścia i dalej do Kilonii.

◄ Latem 1939 roku na okręcie dokonano modernizacji: zamontowano nowy dźwig do obsługi wodnosamolotu i na wyposażenie wszedł nowy wodnosamolot — Arado Ar 196 / S. Breyer

◄ During the summer of 1939 *Leipzig* was once again modernized: new floatplane lift was fitted, along with a new floatplane — the Arado Ar 196 / S. Breyer

- 1 września — o 01.24 zacumował w Kilonii; o 04.40 rzucił cumy; 04.45 (godzina „Y") — rozpoczęcie ataku na Polskę („Fall Weiß"); o 08.05 *Leipzig* wpłynął w Kanał Kiloński; o 15.56 zacumował w Brunsbüttel; o 18.47 rzucił cumy; o 20.40 zacumował w III wejściu Wilhelmshaven; o 21.44 przejście do basenu Scheera („Scheerhafen"); o 23.00: zacumował i rozpoczął załadunek min.
- 2 września — o 04.49 krążownik rzucił cumy; o 05.02: zacumował przy III wejściu; o 06.21 rzucił kotwicę na redzie Wilhelmshaven.
- 3 września — o 14.00 wypłynął z redy z zadaniem postawienia zagrody minowej „Westwall"; o 21.00 początek zrzutu min; o 22.15 zakończenie akcji i powrót do Wilhelmshaven.
- 4 września — od 14.30 załadunek min w „Scheerhafen"; o 18.10 na redzie; nalot pięciu angielskich bombowców ze 107. dywizjonu; *Leipzig* prawdopodobnie zestrzelił jeden samolot typu *Blenheim*; o 21.35 wypłynął na kolejną operację minową.
- 5 września — w godzinach 02.37–03.15 zrzut min; o 16.06 krążownik wpłynął do „Scheerhafen" i rozpoczął załadunek min.
- 6 września — kolejna operacja minowa; o 13.11 podniósł kotwicę na redzie Wilhelmshaven; o 23.24 początek zrzutu min.
- 7 września — o 00.53 koniec akcji; o 00.58 alarm przeciwtorpedowy; o 08.27 *Leipzig* zakotwiczył na redzie Wilhelmshaven.
- 7–14 września — cumował w bazie.
- 14–18 września — w morzu, ćwiczenia bojowe.
- 18 września — o 13.17 zakotwiczył na redzie Altenbruch; pobranie paliwa ze zbiornikowca *Dithmarschen*; od 22.00 załadunek min z transportowca *Irben*.
- 19 września — o 14.01 *Leipzig* wyszedł na operację minową „Martha 4" razem z torpedowcami *Seeadler* i *Wolf*; osłonę stanowiły niszczyciele *Leberecht Maaß* i *Georg Thiele*.
- 20 września — o 00.07 początek zrzutu min; o 01.39 zakończenie akcji; o 10.37 na kotwicy (reda Altenbruch); od 17.09 marsz do Brunsbüttel.
- 29 września — marsz przez Kanał Kiloński.
- 30 września — *Leipzig* zacumował do beczki „A 4" na redzie Kilonii.
- 2–10 października — podniesienie bandery topowej z okazji zwycięstwa nad Polską.
- 5–11 października — okręt wszedł na dok stoczni Deutsche Werke.
- 12–19 października — próby postoczniowe, strzelania artyleryjskie i torpedowe w zatoce Gelting.
- 20 października — krążownik przeszedł na redę Brunsbüttel.
- 29 października — powrót na Bałtyk; na kotwicy w zatoce Heikendorf.
- 30 października — marsz do Świnoujścia.
- 31 października — o 09.25 *Leipzig* zacumował przy „Eichstaden" na miejscu postojowym „E 4"; z wizytą na pokład przybył nowo mianowany (w dniu 21 października) BdA, kontradmirał G. Lütjens.
- 1–3 listopada — ćwiczenia pod dowództwem BdA (uczestniczyły krążowniki *Köln*, *Nürnberg* i *Königsberg*); po zakończeniu ćwiczeń marsz do Kilonii.
- 4 listopada — okręt zacumował do beczki „A 1".
- 7 listopada — zaokrętował się BdA; o 21.03 *Leipzig* rzucił cumy; o 21.39 przy wejściu w śluzę Holtenau doszło do kolizji z *Bremse*; dziób okrętu szkolnego rozpruł prawą burtę krążownika w rejonie II przedziału (na rufie); *Leipzig* przerwał marsz, a zdenerwowany BdA opuścił pokład, o 23.29 okręt został odholowany do beczki „A 9".
- 8–16 listopada — krążownik wszedł na dok V stoczni Deutsche Werke.
- 16 listopada — zacumował do beczki „A 7".
- 17 listopada — o 02.00 okręt odcumował; następnie marsz przez Kanał Kiloński; o 10.46 zakotwiczył na redzie Altenbruch; o 21.30 wyjście w zespole na akcję w rejonie ławicy Terschelling (osłona trzech niszczycieli powracających z operacji minowej).
- 18 listopada — o 11.01 początek marszu powrotnego; o 16.10 *Leipzig* stanął na kotwicy na redzie Schillig; o 23.00 wyjście wraz z czterema torpedowcami na kolejną akcję (osłona własnych niszczycieli).
- 19 listopada — o 17.20 powrót na redę Schillig; późnym wieczorem zaokrętował się BdA.
- 21 listopada — o 14.00 wypłynął z redy; wypad w zespole na wody Skagerraku (skład zespołu: krążowniki liniowe *Gneisenau* (BdF, admirał W. Marschall) i *Scharnhorst*, krążownik *Köln*, niszczyciele *Bernd von Arnim*, *Erich Giese* i *Karl Galster*, torpedowce *Leopard*, *Iltis* i *Seeadler*); krążowniki i niszczyciele miały za zadanie przeprowadzenie „wojny handlowej" na wodach Skagerraku, Kattegatu i Bałtyku, a krążowniki liniowe — marsz do cieśniny Faröer-Shetland.
- 23 listopada — zakończenie akcji, marsz wokół Skagen do Kilonii i przez Kanał Kiloński na Morze Północne.

▶ Na zdjęciu wyraźnie widoczna flaga kontradmirała G. Lütjensa. Zdjęcie wykonane podczas ćwiczeń holowniczych w listopadzie 1939 roku / S. Breyer

▶ Rear Admiral G. Lütjens' flag is clearly visible in this photo of the cruiser Leipzig during the November, 1939, open sea towing exercise / S. Breyer

◄ Zdjęcie wykonane w dniu 13 grudnia 1939 roku około godziny 13:30. Na pierwszym planie widać krążownik typu „K" *Köln*, który manewruje w pobliżu uszkodzonego torpedą *Leipziga* / NHC

◄ *This photo was taken on December 13, 1939, at about 1330 hrs. K-Class cruiser Köln is hovering around the torpedoed Leipzig / NHC*

- 24 listopada — rano *Leipzig* zakotwiczył na redzie Wilhelmshaven; w ciągu dnia formowanie zespołu na kolejny wypad i osłonę powracających krążowników liniowych (skład zespołu: okręt pancerny *Lützow*, krążowniki *Köln* i *Leipzig*, niszczyciele *Bernd von Arnim*, *Bruno Heinemann*, *Friedrich Ihn*, *Erich Steinbrinck* i *Karl Galster*, torpedowce *Leopard*, *Iltis*, *Seeadler* i *Wolf*); o 19.00 podniesienie kotwicy; kurs na wody Skagerraku w celu kontynuowania „wojny handlowej".
- 25 listopada — o 23.25 powrót na redę Wilhelmshaven.
- 28 listopada–1 grudnia — w Hamburgu.
- 29 listopada — BdA przeszedł na krążownik *Nürnberg*.
- 1–5 grudnia — na redzie Altenbruch.
- 5 grudnia — wieczorem okręt przeszedł przez Kanał Kiloński.
- 6–7 grudnia — wymiana działek kalibru 37 mm w Deutsche Werke; następnie marsz przez Kanał Kiloński do Wilhelmshaven.
- 7 grudnia — o godzinie 15.43 krążownik zakotwiczył na redzie.
- 10 grudnia — przeszedł na redę Schillig.
- 12 grudnia — o 17.32 wyszedł wraz z krążownikami *Nürnberg* (BdA) i *Köln* w celu osłony niszczycieli powracających z akcji minowej (krążowniki wypłynęły bez jakiejkolwiek osłony!).
- 13 grudnia — o 08.27 wystartował wodnosamolot (na poszukiwanie okrętów podwodnych); o 10.44 *Leipzig* odłączył od zespołu w celu skontrolowania radzieckiego statku *Charkow*; o 11.24 zaobserwowano ślad torpedy z lewej burty, natychmiastowa komenda „lewo na burt" nie przyniosła efektu; o 11.27 torpeda trafiła w śródokręcie (torpedę wystrzelił angielski okręt podwodny *Salmon*, dowodzony przez kapitana mar. E. O. Bickforda), pozycja: 56°47' N, 04°00' E; skutki trafienia to: 16 ofiar, zalane kotłownie nr I i nr II, unieruchomione turbiny, awaria maszynki sterowej (możliwe wyłącznie ręczne sterowanie); silniki spalinowe sprawne; podjęcie marszu z prędkością 15 węzłów, którą następnie zmniejszono do 12 węzłów (z obawy przed pęknięciem grodzi); utrata kontaktu wzrokowego z pozostałymi dwoma krążownikami; marsz najkrótszą drogą do bazy; o 11.46 wysłano meldunek do dowództwa o storpedowaniu i podjęciu marszu; o 12.25 prośba o przysłanie osłony niszczycieli; o 13.30 zbliżyły się krążowniki *Köln* i *Nürnberg*; o 13.45 niszczyciele *Richard Beitzen* i *Bruno Heinemann* podjęły dozór przeciwtorpedowy z obu burt, a *Köln* od rufy; o 15.30 rozkaz BdA o przejściu na redę Brunsbüttel.
- 14 grudnia — w godzinach 07.30–08.15 eskortę wzmocniły niszczyciele *Friedrich Ihn* i *Hermann Schoemann*, dozorowce F 7 i F 9, trałowce 2. flotylli i kutry trałowe 1. flotylli; o 12.35 znajdujący się przed dziobem po prawej burcie F 9 zatonął po trafieniu dwoma torpedami z angielskiego okrętu podwodnego *Ursula* (kapitan mar. Phillips) w pozycji 54°8' N, 07°55' E; o 17.28 *Leipzig* zakotwiczył na redzie Brunsbüttel;
- 15 grudnia — o 12.01 z pomocą holowników *Leipzig* ruszył z redy do stoczni Blohm & Voss w Hamburgu.
- 16 grudnia — o 12.00 okręt wszedł na dok.
- 20 grudnia — uroczysty pogrzeb członków załogi na cmentarzu Ohlsdorf/Hamburg.

◄ Zdjęcie przedstawiające skutki trafienia *Leipziga* torpedą z angielskiego okrętu podwodnego HMS *Salmon* feralnego 13 grudnia 1939 roku / NHC

◄ *Damage resulting from the British submarine HMS Salmon's torpedo attack on cruiser Leipzig on that fateful day, December 13, 1939 / NHC*

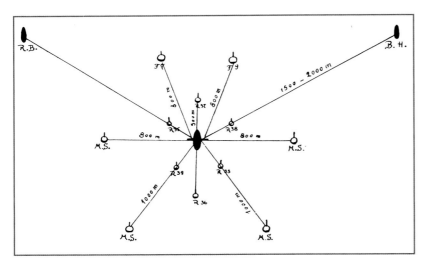

▲ Schemat osłony uszkodzonego *Leipziga* przez inne jednostki podczas holowania go do stoczni / W. Schultz

▲ Convoying scheme showing the protection force guarding the damaged cruiser *Leipzig* limping back to the yard for repair / W. Schultz

▼ Na wiosnę 1941 roku krążownik pomalowano w kamuflaż belkowy / S. Breyer

▼ During the spring of 1941 cruiser *Leipzig* was painted in bar camouflage / S. Breyer

1940 rok

- 8 lutego — wydokowanie.
- 9 lutego — o 10.03 *Leipzig* rzucił cumy i podjął marsz przez Kanał Kiloński do Kilonii.
- 16 lutego — początek remontu w Deutsche Werke.
- 27 lutego — wycofanie ze służby.
- 27 marca — koniec remontu.
- 27–29 marca — okręt został przeholowany do Gdańska.
- 29 marca — początek remontu w Schichau-Werft (kontynuacja prac rozpoczętych w Kilonii).
- 30 listopada — oficjalne zakończenie remontu.
- 1 grudnia — w służbie jako okręt szkolny systemów uzbrojenia (artylerii i broni torpedowej).
- 2–4 grudnia — końcowe prace wyposażeniowe przy nabrzeżu stoczni.
- 5–13 grudnia — przegląd i uzupełnienie wyposażenia radiowego; pobranie amunicji, prowiantu i paliwa.
- 19–20 grudnia — próby postoczniowe.
- 21 grudnia — dostrajanie dalmierzy.

1941 rok

- 5 stycznia — zakończenie przeglądu uzbrojenia artyleryjskiego i torpedowego.
- 6 stycznia — *Leipzig* wyszedł do Kilonii.
- 6–8 stycznia — w doku VI stoczni Deutsche Werke.
- 11 stycznia — okręt wpłynął do Gdyni (Gotenhafen).
- 13–17 stycznia — strzelania torpedowe na wodach Zatoki Gdańskiej.
- 27–31 stycznia — udział w próbach pod nadzorem oficerów z dowództwa marynarki; powrót do Gdyni.
- 11–13 lutego — próby na mili pomiarowej Neukrug (krążownik osiągnął prędkość 24,0 węzły).
- 13–15 lutego — przejście do Kilonii.
- 15 lutego–1 kwietnia — *Leipzig* został wycofany ze składu bojowego floty i podporządkowany dowódcy krążowników (BdK, wiceadmirał H. Schmundt); rejsy szkoleniowe na środkowym i wschodnim Bałtyku; strzelania torpedowe i artyleryjskie.
- 20 lutego — krążownik służył jako cel podczas ćwiczeń torpedowych niszczycieli w Zatoce Gdańskiej.
- 21 lutego — uzupełnienie amunicji.
- 23–28 lutego — strzelania artyleryjskie na środkowym Bałtyku; marsz na zachód.
- 28 lutego–4 marca — okręt cumował przy Eichstaden w Świnoujściu.
- 4–8 marca — szkolenie artylerzystów i torpedystów na wodach Zatoki Pomorskiej, marsz do Kilonii.
- 8–28 marca — w doku VI Deutsche Werke, naprawa śrub napędowych (uszkodzonych przez lód) oraz remont siłowni.
- 1 kwietnia — okręt został podporządkowany szefowi wyszkolenia floty, kontradmirałowi A. Thiele; początek pierwszego etapu szkolenia.
- 3–9 maja — *Leipzig* służył jako cel podczas strzelań torpedowych szkolnej flotylli torpedowców.
- 5–9 czerwca — strzelania z broni przeciwlotniczej i maszynowej.
- 11 czerwca — okręt wypłynął z Kilonii z krążownikami *Lützow* i *Emden*; o 08.00 minął Anholt, o 12.30 dotarł do zagrody minowej Skagen.
- 12 czerwca — o 22.00 krążownik wpłynął do Oslo i zacumował przy pirsie „Utstikker 3"; w następnych dniach kotwiczył na wodach fiordu Oslo i cumował w Horten.
- 22 czerwca — o 03.00 — rozpoczęcie operacji „Barbarossa"; *Leipzig* wszedł w skład zespołu pod dowództwem BdK (okręty szkolne *Schleswig-Holstein* i *Schlesien*, krążowniki *Nürnberg*, *Leipzig* i *Köln*, 1. i 2. flotylla torpedowców, 5. flotylla trałowców, okręty podwodne: U 140, U 142, U 144, U 145 i U 146).
- 7 lipca — *Leipzig* opuścił fiord Oslo eskortowany przez łamacz blokady *Belgrad* (Sperrbrecher 3); kurs przez cieśniny duńskie na Bałtyk.

Leipzig w kamuflażu belkowym sfotografowany w lipcu 1941 roku w ujęciu z lewej burty od rufy / A. Jarski

Portside stern shot of the cruiser Leipzig in bar camouflage painting, photographed in July, 1941 / A. Jarski

Leipzig na redzie Libawy we wrześniu 1941 roku / S. Breyer

Cruiser Leipzig at the Libau naval base roadsteads, September 1941 / S. Breyer

- 10 lipca — w Travemünde okręt był inspekcjonowany przez kontradmirała A. Thiele.
- 15 lipca — zakończenie pierwszego i początek drugiego etapu szkolenia.
- 16 lipca–14 sierpnia — postój w Travemünde.
- 5–6 sierpnia — regulacja kompasów w Zatoce Meklemburskiej.
- 14 sierpnia–1 września — postój w Kopenhadze (okręt cumował w Basenie Zachodnim).
- 16 sierpnia — na pokład krążownika przybył z wizytą kontradmirał Vedel (szef sztabu MW Danii).
- 1 września — przejście do Travemünde.
- 2–3 września — sprawdzanie działania pasa demagnetyzacyjnego.
- 4–21 września — okres intensywnych szkoleń i strzelań artyleryjskich.
- 21–23 września — przejście do Świnoujścia (razem z krążownikiem *Nürnberg*).
- 23 września — utworzenie „Baltenflotte" w składzie: okręt liniowy *Tirpitz* (wiceadmirał O. Ciliax), ciężki krążownik *Admiral Scheer*, krążowniki *Nürnberg*, *Köln*, *Leipzig*, *Emden*, 8. flotylla niszczycieli (Z 25, Z 26 i Z 27), 2. flotylla torpedowców (T 2, T 5, T 7, Z 8 i T 11); zespół okrętów wyszedł w morze o godzinie 10.18.
- 24 września — postój na kotwicowisku Föglö/Järden (Wyspy Alandzkie); przejście do Libawy.
- 25 września — o 20.00 wyjście z Libawy; akcja „Weststurm I" (ostrzał pozycji wroga na półwyspie Sworbe w rejonie Kaunispe–Kargi–Loupollu).
- 26 września — o 06.00 *Leipzig* otworzył ogień; o 12.57 wysłano meldunek do dowództwa o bardzo małej skuteczności ostrzału; o 20.00 zużycie amunicji było następujące: *Leipzig* — 327 pocisków 150 mm, *Emden* 255–150 mm i 48–88 mm.
- 27 września — akcja „Weststurm II" — kontynuacja bombardowania stanowisk ciężkiej artylerii radzieckiej; o 09.19 w zatoce Lyu krążowniki zostały zaatakowane przez cztery kutry torpedowe (zespołem okrętów radzieckich dowodził kapitan mar. Gumenko). *Leipzig* otworzył ogień z odległości 35 kabli. Pierwszy kuter ukrył się w zasłonie dymnej, krążownik przeniósł ogień na kuter Nr 24[5], który, trafiony pociskiem, eksplodował. Ogień przerwano o 10.00; krążownik wystrzelił 153 pociski kalibru 150 mm. Po odejściu kutrów pod osłonę baterii nadbrzeżnych, krążowniki wznowiły ostrzał. *Leipzig* wystrzelił kolejnych 320 pocisków kalibru 150 mm. Po południu okręty niemieckie wzięły kurs na Libawę. O godzinie 14.27, gdy *Leipzig* znajdował się około 20 Mm od Windawy, zauważono ślad torpedy z prawej burty. Po wykonaniu zwrotu na lewą burtę, torpeda przeszła przed dziobem krążownika. Torpedowiec T 7 zrzucił bomby głębinowe, ale bez widocznych rezultatów. Atak przypisano okrętowi podwodnemu Szcz–317 (kapitan mar. N. I. Mochow)[6]. Wieczorem okręty wpłynęły do Libawy.
- 28 września — marsz na zachód.
- 29 września — okręt wpłynął do Kilonii; zakończenie drugiego etapu szkolenia; potem wejście na dok.

[5] M. J. Whitley, Deutsche Kreuzer im Zweiten Weltkrieg, Stuttgart 2001, s. 151 oraz źródła niemieckie podają, że w ataku brały udział kutry: TKA–72, TKA–82, TKA–92 i TKA–102. Jest to informacja fałszywa, jednostki te działały na Morzu Czarnym. Kuter oznaczony „Nr 24" do 7.09.1941 nosił oznaczenie TKA–83; por.: A. Szyrokorad, Korabli i katiera WMF SSSR 1939–1945 gg., Mińsk 2002, s. 118.

[6] Najbardziej wiarygodne źródło: A. W. Płatonow, Sowietskije bojewyje korabli 1941–1945 gg. Podwodnyje łodki, Sankt Petersburg 1996, s. 57, nie potwierdza tego; por. Whitley, op. cit., s.152. M. Morozow, Podwodnyje łodki WMF SSSR w Wielikoj Otieczestwiennoj Wojnie 1941–1945 gg. Letopis' bojewych pochodow. Czast' 1. Krasnoznamiennyj Bałtijskij Fłot, Moskwa 2001, s. 69 podaje, że atakującym okrętem mógł być tylko Szcz–319, dowodzony przez kapitana-lejtnanta N. S. Agaszyna. Możliwe też, że kontratak eskorty doprowadził do zatopienia okrętu podwodnego — nie wrócił on z patrolu [przyp. W. M.])

- 9–16 października — pobyt w doku VI Deutsche Werke.
- 20 października — wyjście z Kilonii.
- 21 października — wejście do Gdyni; początek trzeciego etapu szkolenia.
- 23 października–10 listopada — ćwiczenia konwojowe wspólnie z okrętem pancernym *Admiral Scheer*; powrót do Gdyni.
- 11–18 listopada — szkolenie załogi na Zatoce Gdańskiej i środkowym Bałtyku.
- 15 listopada — ponowne ćwiczenia z okrętem pancernym *Admiral Scheer*.
- 18–24 listopada — *Leipzig* cumował w Świnoujściu.
- 24 listopada–11 grudnia — strzelania z artylerii głównej w Zatoce Pomorskiej i akwenie Prorer Wik; okręt, będąc w dyspozycji „Szkoły artylerii okrętowej", służył również jako cel podczas ćwiczeń torpedowych i artyleryjskich.
- 12–14 grudnia — udział w ćwiczeniach floty i strzelaniach torpedowych w Zatoce Gdańskiej oraz na środkowym Bałtyku.
- 15–17 grudnia — krążownik służył jako okręt-cel podczas strzelań niszczycieli i torpedowców; przejście na wody wschodniego Bałtyku.
- 18 grudnia — wejście do Gdyni.

1942 rok
- 15 stycznia–13 kwietnia — czwarty etap szkolenia kadetów; rejsy szkoleniowe w Zatoce Gdańskiej i na środkowym Bałtyku.
- 11 kwietnia — początek remontu w szczecińskiej stoczni Oderwerke (między innymi wymiana luf artylerii głównej — wykorzystano zapasowe, przeznaczone dla krążownika *Karlsruhe*).
- 15 kwietnia–30 czerwca — piąty etap szkolenia kadetów.
- 8 maja — koniec remontu; następnie ćwiczenia zespołowe z ciężkim krążownikiem *Lützow*; strzelania artyleryjskie i torpedowe; ćwiczenia w katapultowaniu i podnoszeniu wodnosamolotu.
- maj–listopad — szkolenie kadetów na Bałtyku; ćwiczebne strzelania artyleryjskie; ćwiczenia w obsłudze pasa demagnetyzacyjnego; ćwiczenie zespołowe z torpedowcami; *Leipzig* służył również jako okręt-cel dla okrętów podwodnych i nawodnych (okręt przy dobrze wyszkolonej załodze siłowni mógł rozwinąć maksymalną prędkość 24 węzłów; stała długookresowa prędkość wynosiła około 20 węzłów).
- 15 maja — na pokładzie krążownika odbyła się sesja sądu wojennego.
- czerwiec — inspekcja okrętu przez szefa wyszkolenia floty, kontradmirała A. Thiele.
- 28 września — *Leipzig* zacumował przy nabrzeżu stoczni marynarki wojennej w Kilonii.
- 29 września — początek prac remontowych; przegląd siłowni i poprawienie izolacji wylotów spalin z silników marszowych w rejonie ambulatorium i apteki).
- 20 października — zakończenie remontu.
- wrzesień, październik, listopad — kolejne trzy posiedzenia sądu wojennego.
- 27 listopada — na pokład wszedł nowo mianowany szef wyszkolenia floty, kontradmirał Joachim Litzmann; wyjście w morze w celu sprawdzenia poziomu wyszkolenia kadetów.
- 2 grudnia — kontradmirał J. Litzmann opuścił pokład po zakończeniu ćwiczeń.
- grudzień — *Leipzig* służył jako okręt-cel podczas szkoleń słuchaczy szkoły artylerii okrętowej na środkowym Bałtyku; po zakończeniu ćwiczeń na krótko wpłynął do Gdyni.
- 31 grudnia — okręt wszedł na dok w Libawie (w filii stoczni Deutsche Werke).

1943 rok
- 13 stycznia — wydokowanie.
- 15 lutego — zakończenie remontu.
- 18 lutego — opuszczenie pokładu przez dowódcę okrętu.
- 4 marca — krążownik został wycofany ze służby. W dniu 8 lutego 1943 A. Hitler zatwierdził opracowany przez Kierownictwo Wojny Morskiej plan wycofywania ze służby ciężkich jednostek floty. Przewidywano wycofanie w 1943 roku następujących okrętów: *Leipzig* (luty), *Admiral Hipper* i *Köln* (obydwa 1.03.), *Schleswig-Holstein* (1.04.), *Schlesien* (1.05.), *Scharnhorst* (1.07.), *Tirpitz* (jesień). Zespołowi szkolnemu miały zostać przydzielone: *Prinz Eugen*, *Lützow*, *Admiral Scheer*, *Nürnberg* i *Emden*. Admirałowi Dönitzowi w rozmowie z Hitlerem udało się złagodzić niektóre ustalenia, jednak *Leipzig*, ze względu na swą niewielką przydatność, miał być wycofany ze służby. Już w lipcu 1943 roku okazało się, że Kriegsmarine potrzebuje więcej okrętów do celów szkoleniowych, decyzję zmieniono i *Leipzig* został reaktywowany.
- 1 sierpnia — w Libawie; o godzinie 11.00 krążownik ponownie wszedł do służby.
- 10 sierpnia — wybuchł pożar w kotłowni III (w przedziale XI, pomiędzy wręgami 100 $^3/_4$ a 89 $^3/_4$); szybkie ugaszenie ognia ograniczyło szkody do minimum.
- 12–14 sierpnia — próby z kotłami (sprawdzenie maksymalnej wydajności).
- 17 sierpnia — testy mechanizmów w maszynowni.
- 24 sierpnia — wyjście na redę; próby siłowni z równoczesnym próbnym strzelaniem z działek kalibru 20 mm i 37 mm.
- 5 września — załoga osiągnęła stan przewidziany etatami; pierwsze wyjście w morze z kadetami.
- 6 września — drugi rejs szkoleniowy z kadetami oraz testy pracy siłowni.
- 7 września — wejście na dok; przegląd dna i naprawa lewej śruby napędowej.
- 8–10 września — szkolenie załogi (ćwiczenia szalupowe, cumowanie i kotwiczenie).
- 11 września — zakończenie prac stoczniowych, przeglądu maszyn i mechanizmów; sprawdzenie działania pasa demagnetyzacyjnego.
- 12 września — inspekcja okrętu przez dowódcę (przed wyjściem w morze).
- 13 września — *Leipzig* wypłynął do Gdyni; podczas marszu powtórne testy pasa demagnetyzacyjnego.
- 15 września — okręt wpłynął do Gdyni; zaokrętowali się marynarze uczestniczący w kursie sterników.
- 20–23 września — szkolenie kursantów na wodach Zatoki Gdańskiej, strzelania z armat 88 mm, kolejne testy pasa demagnetyzacyjnego na redzie Helu; powrót do Gdyni.

◀ *Leipzig* — fotografia wykonana z pokładu kanonierki K–1 na Bałtyku / S. Breyer

◀ *Cruiser Leipzig photographed from the K–1 gunboat in the Baltic Sea* / S. Breyer

- 26 września — krążownik wypłynął z Gdyni na redę Helu; następnie ćwiczenia zespołowe z krążownikiem *Nürnberg*.
- 27 września — powrót do Gdyni z powodu defektów kotła (nieszczelność rurek).
- 29 września — wyjście ze stoczni; kontynuacja ćwiczeń w Zatoce Gdańskiej i na redzie Helu.
- 2 października — powrót do Gdyni.
- 3–9 października — wymiana grup kadetów.
- 9 października — pierwszy ciężki nalot na tereny portu i stoczni; krążownik cumował w basenie V, przed pozbawionym części dziobowej krążownikiem liniowym *Gneisenau*; artyleria okrętu wzięła udział w obronie przeciwlotniczej portu; nie odnotowano uszkodzeń, tylko jeden z członków załogi został ranny odłamkiem.
- 11 października — przegląd uzbrojenia przeciwlotniczego, następnie marsz przez Zatokę Gdańską pod Krynicę (Kahlberg) na Mierzei Wiślanej.
- 12–15 października — ćwiczebne strzelania z broni przeciwlotniczej na wodach Zatoki Gdańskiej; następnie powrót do Gdyni.
- 17–22 października — szkolenie załogi na wodach wschodniego Bałtyku, połączone z zawinięciem do Libawy.
- 22 października — powrót do Gdyni.
- 28–30 października — zaokrętowała się trzydziestoosobowa grupa kadetów-mechaników.
- 31 października–5 listopada — szkolenie kadetów na wodach wschodniego Bałtyku oraz w Zatoce Gdańskiej.
- 6 listopada — powrót do Gdyni; wymiana grup kadetów.
- 15–19 listopada — szkolenia w Zatoce Gdańskiej; następnie testy pasa demagnetyzacyjnego na redzie Helu.
- 23 listopada — zaokrętował się dowódca zespołu szkolnego, wiceadmirał August Thiele.

▼ W Świnoujściu na przełomie lat 1943/44 / S. Breyer

▼ *At Swinemünde (Swinoujscie), late 1943 or early 1944* / S. Breyer

▲ Nadbudówka z masztem bojowym, zwraca uwagę wyposażenie radarowe i duża ilość tratw ratunkowych / W. Schultz

▲ Forward superstructure with a battle mast — note the radar equipment and the profusion of liferafts / W. Schultz

◄ Maszt bojowy z widocznym fragmentem anteny radaru FuMO–22 / W. Schultz

◄ Battle mast with a partly visible FuMO–22 radar aerial / W. Schultz

- 23–26 listopada — wiceadmirał A. Thiele dokonał inspekcji poziomu wyszkolenia kadetów; okręt krążył po wodach Zatoki Gdańskiej i wschodniego Bałtyku.
- 27–29 listopada — postój na kotwicy na redzie Libawy; po zderzeniu z nieoznakowaną przeszkodą nawigacyjną zatonął kuter dowódcy okrętu.
- 30 listopada — kuter podniesiono na pokład.
- 1–3 grudnia — ćwiczenia i testy wyposażenia radarowego na wodach wschodniego Bałtyku; powrót do Gdyni.
- 9 grudnia — marsz do Świnoujścia.
- 18 grudnia — wyjście do Gdyni.
- 20 grudnia — Leipzig zacumował w Gdyni (w basenie V).
- 21 grudnia — na okres świąt zaokrętował się wiceadmirał A. Thiele.
- 25 grudnia — pinasa z krążownika Leipzig uczestniczyła w akcji ratunkowej załogi łamacza blokady Schiff 30 (Eilbek).

1944 rok

- 5–31 stycznia — remont w stoczni Deutsche Werke w Gdyni; przegląd artylerii głównej.
- 6 stycznia — zaokrętowała się kolejna grupa kadetów.
- 7 stycznia — krótkie dokowanie i przejście do basenu V.
- 27–29 stycznia — dostrajanie przyrządów kierowania ogniem.
- 1–2 lutego — testy pasa demagnetyzacyjnego.
- 3–4 lutego — testy hydrofonów, wyposażenia radiowego i radarowego.
- 5–15 lutego — ogólne szkolenie załogi (związane z cumowaniem okrętu w porcie).
- 16 lutego — szkoleniowe wyjście w morze.
- 17–27 lutego — postój w basenie V w Gdyni.
- 28 lutego–2 marca — szkoleniowe wyjście w morze; ćwiczenia z Prinz Eugenem — strzelania artyleryjskie i ćwiczenia w holowaniu).
- 2–19 marca — postój w porcie; szkolenie załogi.
- 6 marca — wyokrętowała się ostatnia grupa kadetów.
- 10 marca — zaokrętował się wiceadmirał A. Thiele.
- 11 marca — przeszkolenie załogi w zwalczaniu sabotażu i szpiegostwa.
- 16 marca — ćwiczenia załogi „na stanowiskach bojowych".
- marzec — pobyt w stoczni, naprawa uszkodzonego pomocniczego silnika spalinowego.
- 29 kwietnia — wyjście w morze w celu określenia zdolności bojowej okrętu.
- 30 kwietnia — zakończenie szkolenia przez kolejną grupę kadetów-mechaników.
- 1 maja — zaokrętowała się nowa grupa kadetów-mechaników.
- 5 lipca — wspólne ćwiczenia z niszczycielami Richard Beitzen i Z 43 w okolicach Bornholmu; strzelania ćwiczebne.
- 5 sierpnia — marsz do Kopenhagi.
- 6–12 sierpnia — Leipzig cumował przy „Długiej Linii" w Kopenhadze; ćwiczenia szalupowe.
- 13 sierpnia — marsz pod Bornholm.

- 14–18 sierpnia — szkolenie załogi w akwenie na wschód od Bornholmu.
- 20 sierpnia — wejście do Świnoujścia.
- 20–23 sierpnia — inspekcja załogi „na stanowiskach bojowych" przez dowódcę floty (BdF), wiceadm. Wilhelma Meendsen-Bohlkena; ogólna ocena: zła.
- 24 sierpnia — ćwiczenia w porcie.
- 30 sierpnia i 4 września — dwie partie załogi zostały wysłane do Międzyzdrojów (Misdroy) z powodu podejrzenia epidemii zapalenia opon mózgowych; na okręcie ogłoszono kwarantannę.
- 8 września — pogrzeb dwóch członków załogi na cmentarzu bohaterów wojennych w Świnoujściu.
- 12 września — koniec kwarantanny.
- 14 września — o 08.00 wyjście w morze; w nocy postój na kotwicy w pobliżu Bornholmu; po raz pierwszy ćwiczono zadania konwojowe.
- 15 września — ćwiczenia z okrętem pancernym *Admiral Scheer*.
- 17 września — ogłoszono ostre pogotowie bojowe.
- 20 września — kompensacja kompasów, pomiary magnetyzmu okrętu.
- 21 września — marsz w okolice Bornholmu; postój na kotwicy.
- 23 września — bojowe ćwiczenia załogi w rejonie Bornholmu, połączone z alarmami przeciwlotniczymi.
- 26 września — o 04.00 podniesienie kotwicy; marsz do Świnoujścia.
- 27–29 września — *Leipzig* cumował w Świnoujściu przy nabrzeżu 6 (F.d.T. — dowódcy torpedowców).
- 30 września — wyjście w kierunku Helu; krążownik poprzedzany był przez trzy trałowce, za rufą płynął okręt-baza *Tsingtau* i okręt podwodny.
- 1 października — okręt rzucił kotwicę na redzie Helu.
- 4 października — ćwiczenia zespołowe z krążownikami *Admiral Hipper* i *Köln* oraz okrętem szkolnym *Schlesien*. Około 14.00 zaokrętował się dowódca floty (BdF), wiceadmirał W. Meendsen-Bohlken; około 23.00 *Leipzig* przycumował przy nabrzeżu basenu IV w Gdyni.
- 8 października — o 05.00 wyjście z portu w osłonie trałowców, kurs na Nowy Port (Neufahrwasser) i dalej do stoczni F. Schichau w Gdańsku.
- 9–14 października — dokowanie; zainstalowano zrzutnie min, oczyszczono i pomalowano podwodną część kadłuba.
- 15 października — wyjście z doku i przejście na redę Gdyni; następnie rozpoczęcie marszu w kierunku Helu; około 18.30 odesłano okręty osłony, początek marszu do Świnoujścia; o 20.01 kolizja z ciężkim krążownikiem *Prinz Eugen*.

▲ *Prinz Eugen* na wodach Zatoki Gdańskiej w 1944 roku / ADM

▲ Heavy cruiser *Prinz Eugen* in Danziger Bay (Bay of Gdansk), 1944 / ADM

◄ Uczestnik kolizji w dniu 15 października 1944 roku w pobliżu Helu / AJ–Press

◄ Participant of the collision near Hela Peninsula, October 15, 1944 / AJ–Press

▲▼▼◀ Uszkodzenia, jakie odniósł krążownik *Leipzig* w wyniku zderzenia z krążownikiem *Prinz Eugen* 15 października 1944 roku / S. Breyer

▲▼▼◀ *Damage of the cruiser Leipzig resulting from the collision with heavy cruiser Prinz Eugen on October 15, 1944* / S. Breyer

Zderzenie z *Prinz Eugenem*

W dniu 12 października dowódca krążownika otrzymał rozkaz o wyjściu w morze (w dniu 15 października 1944 r. o godzinie 15.00 do Świnoujścia w celu załadowania min). Wypłynięcie opóźniło się i okręt opuścił Gdańsk o 17.47; wiał wiatr SSE o sile 1–2 Beauforta, widzialność była ograniczona przejściowymi zamgleniami. Krążownik płynął w zespole, zapalono światła marszowe.

- o 17.55 na polecenie dowódcy początek marszu zmiennymi kursami,
- o 18.18 minięto w odległości 100 m z lewej burty pławę kierunkową „Gdynia",
- o 19.22 minięto boję „Hela-Süd-Ost" w odległości 300–400 m,
- o 19.42 namiar na latarnię Hel: 293°; wygaszono światła marszowe, zwolniono eskortę, krążownik rozpoczął samodzielny marsz,
- o 19.46 zastopowano w celu przełączenia silników,
- o 19.58 podjęto marsz z prędkością 15 węzłów,
- o 20.00 zaobserwowano prosto przed dziobem pięć słabych, białych świateł, oficer wachtowy wydał komendę na ster: „prawo na burt", zapalono światła marszowe i dano jeden krótki sygnał syreną okrętową,
- o 20.01 w pozycji 54°35,3' N, 18°52,2' E nastąpiło zderzenie z *Prinz Eugen* (lewa burta, przedział X), kąt trafienia około 35°. Ciężki krążownik płynął z prędkością około 20 węzłów, a *Leipzig* około 9 węzłów.

Opis uszkodzeń

Stewa dziobowa *Prinz Eugena* doszła poprzez przedział X z lewej burty prawie do stępki i do pokładu nadbudowy prawej burty (do odległości tylko dwóch metrów od krawędzi burty). Wyrwa w kadłubie miała powierzchnię około 100 m². Zniszczone zostały: kotłownia 3 (K 3) i pomieszczenie kadetów, pomieszczenie radiostacji, elektrownia 3 (E III), centrala artyleryjska, pomieszczenia: przetwornic radiostacji i wymiennika pary pomp osuszających, magazyn zapasów kantyny, części komór amunicyjnych. W wielu miejscach kadłuba pojawiły się znaczne pęknięcia. Zginęło 19 marynarzy, 31 było rannych.

- 16 października — około 14.30 z pomocą holowników i pracy „cała wstecz" maszyn *Prinz Eugena*, udało się rozdzielić oba okręty; krążowniki były sczepione ze sobą przez czternaście godzin. *Leipzig* na holu odpłynął do Gdyni; wieczorem zacumował w basenie IV.
- 17 października — okręt wszedł na dok o nośności 40.000 t.
- 16 listopada — *Leipzig* został skreślony z listy bojowych jednostek floty i otrzymał status hulku (niesamobieżnego okrętu szkolnego dla kadetów).
- 31 grudnia — okręt wydokowano i o 09.00 przeholowano do basenu V (zacumował lewą burtą do *Gneisenau*).

▲► Fotografie wykonane w dniu 16 października 1944 roku, zaraz po rozłączeniu okrętów. Do prawej burty *Leipziga* przycumowany jest torpedowiec T–20, który służył jako stacja zasilająca
/ S. Breyer

▲► A sequence of photos taken on October 16, 1944, immediately after the collided ships were separated. Note torpedo boat T–20 moored at the starboard side of Leipzig as the outboard powerstation for the damaged ship
/ S. Breyer

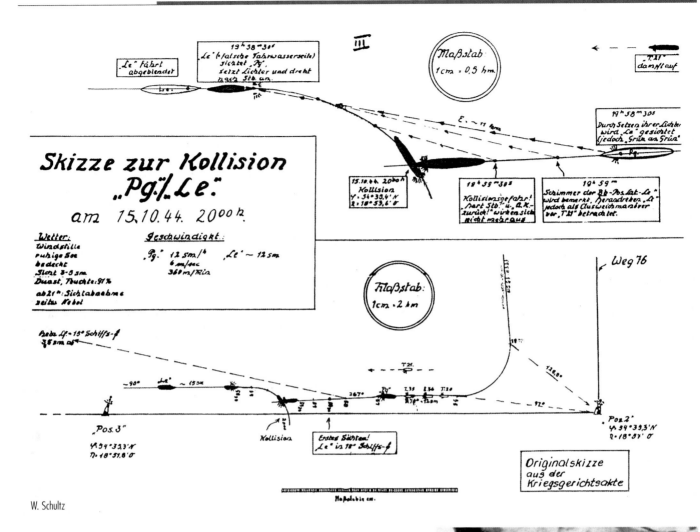

▲ Oryginalny szkic sytuacyjny kolizji Leipziga z Prinz Eugenem

▲ Original situation sketch from the collision report, filed after the Leipzig and Prinz Eugen collision

▶ Rozpruty po kolizji z Leipzigiem dziób ciężkiego krążownika Prinz Eugen / AJ–Press

▶ The bows of the heavy cruiser Prinz Eugen ripped open after the collision with Leipzig / AJ–Press

◀ Burta Leipziga po rozczepieniu okrętów / archiwum Prinz Eugena

◀ Side of the cruiser Leipzig after the two ships were separated / Prinz Eugen archive

1945 rok

- 23 stycznia — na pokład załadowano 200 sztuk amunicji 150 mm.
- 10 lutego — załadowano kolejnych 227 sztuk amunicji 150 mm.
- 13 lutego — samodzielne przejście do basenu I portu gdyńskiego.
- 16 lutego — przeprowadzono próbne strzelania z wież B i C artylerii głównej (dziewięć pocisków) w celu sprawdzenia stopnia wytrzymałości kadłuba (celem był wrak w Zatoce Gdańskiej, oddalony o 170 hm).
- 17 lutego–4 marca — intensywne szkolenie załogi.
- 5 marca — drugie próbne strzelanie artyleryjskie, do tego samego wraku (siedem pocisków).
- 7 marca — ogłoszono alarm — jednostki Armii Czerwonej znalazły się w teoretycznym zasięgu 150 mm dział krążownika (250 hm).
- 9 marca — dwukrotnie ogłoszono alarm przeciwlotniczy.
- 10 marca — wieże B i C wystrzeliły w sumie 67 pocisków w stronę zgrupowań Armii Czerwonej w rejonie na północny wschód od Kartuz (Karthaus); okręt nadal cumował w basenie I.
- 11 marca — wieża C wystrzeliła 17 pocisków w rejon Tuchomia (Tuchum) na odległość 142–140 hm.
- 13 marca — wieże B i C oddały w sumie 32 wystrzały w kierunku wroga (123–129 hm).
- 14 marca — wieże B i C wystrzeliły 49 pocisków w rejon na zachód od Sopotu (Zoppot) na odległość 132 i więcej hm.
- 15 marca — wieże B i C oddały 96 wystrzałów na odległość 156 hm.
- 16 marca — wieże B i C wystrzeliły 44 pociski.
- 17 marca — wieże B i C oddały w sumie 24 wystrzały.
- 18 marca — wieczorem, podczas ostrzału pozycji wroga, wieże B oraz C wystrzeliły w sumie 120 pocisków.
- 19 marca — w komorach amunicyjnych znajdowało się 445 pocisków głównego kalibru.
- 20 marca — nad ranem wieże B i C wystrzeliły 48 pocisków w rejon Wielkiego Kacka (Groß-Katz); około 10.15 okręt opuścił na holu basen I i zakotwiczył na redzie, na wysokości Orłowa (Adlerhorst), niedaleko stojącego na kotwicy *Schlesiena*; około 14.00 po raz pierwszy rozpoczęła strzelanie wieża A (wystrzeliwując 58 pocisków).
- 21 marca — wieża A oddała 58, wieża B — 45, natomiast wieża C — 46 wystrzałów; w sumie krążownik wystrzelił 149 pocisków do zgrupowań wojsk radzieckich w rejonie Wielkiego Kacka; wieczorem *Leipzig* o własnych siłach przepłynął na nową pozycję, bliżej głównego wejścia do portu w Gdyni.
- 22 marca — wieże B i C wystrzeliły w sumie 150 pocisków; okręt ponownie zmienił pozycję, wieczorem przeszedł pod Półwysep Helski, zakotwiczył na zachód od cypla.
- 23 marca — nad ranem do prawej burty przycumował holownik *Kondor* z 150 pociskami 150 mm; około 15.00 wieże B i C rozpoczęły ostrzeliwanie Orłowa, wystrzelono 30 pocisków; powtórnie otwarto ogień z tych samych wież około 18.00, wystrzelono 70 pocisków w kierunku Sopotu.

▲▲▼ Wieże B i C prowadzą ogień do nacierających wojsk radzieckich, Gdynia, basen nr I, marzec 1945 roku / via Autor

▲▲▼ *Main artillery turrets B and C of the cruiser Leipzig fire at the advancing Red Army troops, Gdynia (Gotenhafen), No.I Basin, March, 1945* / via Author

Leipzig w duńskim porcie Abenraa (Apenrade). Wyraźnie widoczny jest biały odkos na dziobie — namalowany na redzie Helu 25 marca 1945 roku / via Autor

Cruiser Leipzig in the Danish port of Abenraa (Apenrade). Note the false white bow-wave painted at the Hela raodsteads on March 25, 1945 / via Author

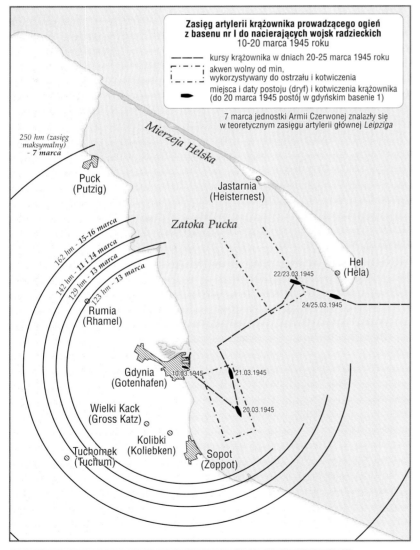

[7] A. W. Płatonow, Sowietskije bojewyje korabli 1941–1945 gg. Podwodnyje łodki, Sankt Petersburg 1996, opisując patrole bojowe okrętów podwodnych na południowym Bałtyku w marcu 1945 roku, nie potwierdza faktu zatopienia w tym dniu żadnego okrętu.

- 24 marca — krążownik został przydzielony 2. grupie bojowej (Rogge); zakotwiczył w pobliżu wejścia do portu handlowego na Helu; wieża B wystrzeliła dwanaście, a wieża C trzynaście pocisków w rejon Kolibek (Koliebken), do kilku chałup pomiędzy Sopotem a Orłowem; strzelanie zakończono o 15.04; zapas pocisków 150 mm zmalał do 26 sztuk; okręt w okresie 10–24 marca wystrzelił w sumie 1041 pocisków 150 mm w kierunku wroga.
- 25 marca — na dziobie wymalowany został biały odkos (fala dziobowa), mający dać złudzenie marszu z prędkością 20 węzłów; na pokład przyjęto około 500 rannych żołnierzy i uciekinierów; około 19.30 nastąpiło podniesienie kotwicy i początek marszu na zachód w składzie niewielkiego konwoju (trałowiec M 401, dwa parowce (*Urundi* i niezidentyfikowany), holowniki *Bruno Dreyer*, *Mercur* i *Pinguin* z barkami na holu, artyleryjski okręt szkolny *Herkules* (podporządkowany szkole artylerii morskiej w Saßnitz) i prawdopodobnie szkolny torpedowiec TS 4).
- 26 marca — około 04.00 pierwszy alarm przeciwpodwodny; o 06.57 konwój znajdował się na północ od Łeby (Leba); o 09.15 drugi alarm pop; o 10.56 podjęto z wody ponton z trzema radzieckimi lotnikami; o 11.57 trzeci alarm pop — M 401 obrzucił bombami głębinowymi okręt podwodny (prawdopodobnie radziecki L 21); o 15.14 atak dziesięciu samolotów typu Douglas A20 *Boston*, obrona przeciwlotnicza krążownika zestrzeliła jeden samolot; o 15.40 na zachód od Ławicy Słupskiej stacja hydrolokatorów krążownika wykryła okręt podwodny, rzucono trzynaście bomb głębinowych; kolejny atak trzynastu samolotów typu Douglas A20 (jedno zestrzelenie); o 15.47 wykryto okręt podwodny, zaobserwowano trzy ślady torped; po ataku bombami głębinowymi na powierzchni morza pojawił się duży bąbel powietrzny i wielka plama oleju napędowego[7].
- 27 marca — około 01.00: alarm przeciwpodwodny, torpeda minęła rufę krążownika w odległości około dwudziestu metrów; o 07.00 na trawersie przyląd-

▶ Widok części dziobowej *Leipziga* w duńskim porcie Abenraa (Apenrade) w kwietniu 1945 roku / W. Schultz

▶ *Bows of the cruiser Leipzig in the Danish port of Abenraa (Apenrade), April, 1945* / W. Schultz

ka Arkona na Rugii konwój rozproszył się: *Urundi* skierował się do Kopenhagi, *Herkules* do Świnoujścia, a *Leipzig* i holowniki z powodu gęstej mgły wielokrotnie kotwiczyły w akwenie przylądek Arkona–Warnemünde.

- 28 marca — o 15.30 podjęto marsz w kierunku cieśniny Fehrman Belt.
- 29 marca — o 03.00 minięto trawers latarniowca *Kiel*, zmiana kursu na północny; o 09.30 początek marszu przez Mały Bełt; o 12.00 rzucono kotwicę w zatoce Apenrade; o 15.00 wznowiono marsz do portu; o 16.30 początek manewrów cumowania przy asyście holowników *Bruno Dreyer* i *Mercur* w niewielkim porcie; o 17.00 krążownik zacumował przy nabrzeżu.
- 2–4 maja — opuszczono banderę z powodu śmierci kanclerza Rzeszy.
- 5 maja — od 08.00 weszło w życie zawieszenie broni na terytorium Danii.
- 7 maja — o 13.00 do załogi przemówił dowódca floty, admirał Wilhelm Meendsen-Bohlken; o 16.00 nastąpiła kapitulacja.
- 31 maja — z okazji bitwy pod Skagerrakiem urządzono regaty wioślarskie.
- 30 czerwca — o 05.00 wyjście z Apenrade, bez bandery i proporca — port docelowy Wilhelmshaven; o 17.31 *Leipzig* rzucił lewoburtową kotwicę przed śluzami Holtenau.
- 3 lipca — o 13.38 podniesiono banderę brytyjską; o 14.00 odkotwiczenie, holownik *Mariensiel* wprowadził okręt do komory śluzowej; następnie marsz przez Kanał Kiloński.
- 4 lipca — o 07.00 wejście do komory śluzowej Brunsbüttel; o 09.00 otwarcie śluzy; o 09.57, po wyjściu, *Leipzig* zakotwiczył na redzie.
- 5 lipca — o 13.00 odkotwiczenie; o 14.19 *Leipzig* rzucił kotwicę na redzie Altenbruch.
- 6 lipca — o 12.30 odkotwiczenie; o 18.00 w zasięgu widzialności pojawił się Helgoland; o 22.00 krążownik minął Wangerooge i Schillig.
- 7 lipca — o 00.01 okręt minął boję „V" na torze wodnym do Wilhelmshaven; o 00.21 rzucił kotwicę w pozycji 53°33,06' N, 08°12,1' E; o 05.55 przyjęto pilota; o 11.00 odkotwiczenie; o 11.26 rozpoczęcie marszu; o 12.22 wpłynął do komory północnej III wejścia; o 14.00 przeholowany do „Scheerhafen" (basenu Scheera); o 17.45 opuszczenie bandery brytyjskiej, w jej miejsce podniesiono podwójną flagę międzynarodowego kodu sygnałowego „C" (oznaczenie kapitulacji).

▶ Widok z pomostu dowodzenia ku rufie *Leipziga* w duńskim porcie Abenraa w maju 1945 roku. Warto zauważyć wyraźnie widoczny na zdjęciu przechył na lewą burtę / S. Breyer

▶ *Stern view from the conning tower bridge, Abenraa (Apenrade), Denmark, May, 1945. Note the pronounced portside list of the ship* / S. Breyer

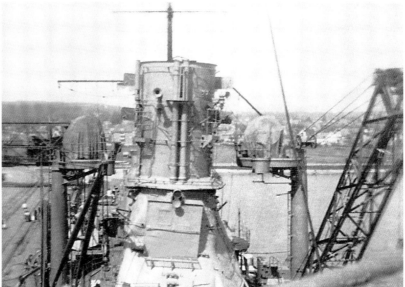

▲ Zdjęcie wykonane już po kapitulacji Niemiec, 2 lipca 1945 roku w śluzie Holtenau w Kanale Kilońskim / S. Breyer

▲ Cruiser Leipzig photographed after the Germany surrender, on July 2, 1945, in the Holtenau lock of the Kiel Channel / S. Breyer

- 23 lipca — zakończenie wpisów w dzienniku okrętowym.
- 25 lipca — większa część załogi zeszła do koszar „Jachmann-Graf Spee".
- 16 grudnia — *Leipzig* został przeholowany do „Hipperhafen" i zacumował w pobliżu wypalonego wraku *Monte Pascoal*; krążownik rozpoczął służbę jako okręt mieszkalny dla załóg 14. flotylli trałowej (49 zmobilizowanych kutrów rybackich).
- 20 grudnia — ostateczne wycofanie ze służby.

1946 rok

- połowa stycznia–koniec czerwca — okręt cumował przy „Bonte-Brücke".
- 1–6 lipca — cumował w komorze północnej III wejścia; założenie ładunków wybuchowych.
- 6 lipca — *Leipzig* holowany przez holowniki *Enak*, *Wotan* i *Sturm* opuścił po raz ostatni Wilhelmshaven[8].
- 11 lipca — po odpaleniu ładunków wybuchowych *Leipzig* zatonął o godzinie 10.59 na pozycji 57°52,01' N, 06°15,75' E[9]. Krążownik nie był załadowany amunicją gazową.

Dane techniczne *Leipziga*

- wyporność konstrukcyjna   6820 t
- wyporność pełna   8100 t
- długość:
  całkowita   177,00 m
  KLW   165,80 m
- szerokość maksymalna   16,30 m
- zanurzenie   4,75 m
  przy wyporności pełnej   5,69 m
- wysokość boczna   9,00 m
- wysokość pancerza nad KLW   1,96 m
- wysokość topu   43,00 m
- wysokość pokładu dziobowego   7,50 m

Charakterystyka uzbrojenia

Artyleria główna

- masa wieży 150 mm   około 137 t
  w tym pancerz   24,8 t
- długość działa   9450 mm
- długość lufy   9000 mm
- żywotność lufy   500 wystrzałów
- kąt podniesienia luf   –10° do +40°

---

[8] G. Koop, K.-P. Schmolke, Die Leichten Kreuzer, Karlsruhe, Köln, Leipzig, Nürnberg, Bonn 1994, s. 222, podają datę 9 lipca i nazwy holowników: *Enak*, *Heros* i D 2.

[9] E. Gröner, Die deutschen Kriegsschiffe 1815–1945, Bd. 1, München 1966, s. 188, podaje jako datę zatopienia 20.07.1946 na południowy zachód od Lister: 57°53' N, 06°13' E, z amunicją gazową; E. Gröner. Die deutschen Kriegsschiffe 1815–1945, Bd. 2, wydanie poprawione i uzupełnione: München 1982, s. 152, podaje datę 16.12.1946, tę samą lokalizację, pozycję zatopienia i informację o amunicji gazowej. M. J. Whitley, Deutsche Kreuzer im Zweiten Weltkrieg, Stuttgart 2001, s. 200, podaje datę 11 lipca, również z informacją o amunicji gazowej na pokładzie okrętu.

- zasięg pocisku 257 hm
  przy kącie podniesienia 40°
- masa pocisku 45 kg
  (przeciwpancerny i przeciwpancerny-rozpryskowy)
- prędkość pocz. pocisku 960 m/s
- siła odrzutu 52.000 kG
- przebijalność 60 mm
  z odległości 3200 m,
  20 mm
  z odległości 11.200 m
- zapas pocisków 1080 (120) na lufę
  [inne źródło podaje 150]
- szybkostrzelność 5 strz./min.

Artyleria przeciwlotnicza

Dwa działa konstrukcji Kruppa 88 mm L/45 C/31 na lawetach MPL C/31 w osi symetrii okrętu na rufowym pokładzie nadbudowy, pomiędzy wieżą B i rufowym stanowiskiem dowodzenia. Mogły prowadzić ogień również do celów morskich.

Dane techniczne
- długość działa 419 mm
- długość lufy 396 mm
- masa lufy 1234 kg
- żywotność lufy ?
- maks. kąt podniesienia +43°
- zasięg 141 hm
- prędkość pocz. pocisku 890 m/s
- siła odrzutu 2900 kG
- szybkostrzelność 10 strz./min.
- zapas pocisków 800 (400 na lufę)

Dwa działka konstrukcji Rheinmetall-Borsig 37 mm L/83 C/30 na lawetach MPL C/31 na pokładzie łodziowym, z obu burt, przy rufowym stanowisku dowodzenia.

Dane techniczne
- długość działa 3074 mm
- długość lufy 2960 mm
- żywotność 7500 strzałów
- kąt podniesienia –9° do +85°
- donośność 85 hm
- pułap 68 hm
  smugowy 48 hm
- prędkość pocz. pocisku 1000 m/s
- siła odrzutu 1000 kG
- szybkostrzelność 160 strz./min.
  w praktyce 80 strz./min.
- zapas pocisków 4000
  (2000 na lufę)

◄ Doskonale widoczna drewniana pokrywa, osłaniająca uszkodzoną po kolizji z *Prinz Eugenem* 15 października 1944 roku burtę. Fotografia wykonana 2 lipca w Kilonii / via Autor

◄ Another July 2, 1945 photo of the cruiser Leipzig in Kiel. This wooden cover was still stopping the side damaged by the collision with Prinz Eugen on October 15, 1944 / via Author

▼ *Leipzig* sfotografowany 7 lipca 1945 roku w Wilhelmshaven / W. Schultz

▼ *Cruiser Leipzig in Wilhelmshaven on July 7, 1945* / W. Schultz

Doskonale widoczne wieże rufowe artylerii głównej. W tle jeden z krążowników typu „K" / S. Breyer

◄ After main battery turrets of the cruiser Leipzig. A K-Class cruiser in the background / S. Breyer

Broń była obsługiwana ręcznie, posiadała „półautomatyczny zamek", co zapewniało, pomimo braku magazynka, stosunkowo dużą szybkostrzelność. Naprowadzanie umożliwiał odbiornik danych z przyrządu kierowania ogniem SL–1.

Dwa działka konstrukcji Rheinmetall-Borsig 20 mm L/65 C/30 na lawetach MPL C/30 (początkowo oznaczane MG C/30): powyżej pomostu admiralskiego (nocnego stanowiska dowodzenia), po bokach rurowego masztu bojowego (fokmasztu).

Dane techniczne
- długość działa   1500 mm
- długość lufy   1300 mm
- masa lufy   640 kG
- kąt podniesienia   –11° do +85°
- żywotność   20.000 strzałów
- zasięg   48 hm
- pułap   37 hm
- prędkość pocz. pocisku 835 m/s
- siła odrzutu   290 kG
- szybkostrzelność   280 strz./min.,
  w praktyce   120–180 strz./min.

Broń naprowadzano ręcznie. Przesuwny trzpień regulacji wysokości umożliwiał strzelcowi szybką zmianę kąta podniesienia. Magazynek zawierał 20 pocisków.

Napęd

Turbiny typu „Marine" — produkcji stoczni Germania w Kilonii:
- przekładnia   1:7,95,
- liczba obrotów   308/400/min.
- moc   60.000 (konstr.)/
                          65.585 KM na wale
- kotły:
  powierzchnia ogniowa   1054 m²
  masa korpusu kotła   31.070 kg (49,9%)
  powierzchnia wodna   889 m²
  masa płaszcza   16.340 kg (26,2%)
  objętość wodna   14,67 m³
  kotwy   160 kg (0,3%)
  objętość pary   5,37 m³
  masa całkowita   62.240 kg (100%)
  objętość wody   14.670 kg (23,6%)
  objętość ogniowa   26,40 m³
  ciśnienie pary   16 atmosfer
  liczba palników   18 o średnicy 2,6 mm
  wydajność   72.000 kg pary/h

Silniki spalinowe:
- moc łączna   12.400 KM
                          (3100 KM na silnik)
- liczba obrotów silnika 600/min.
- liczba obrotów przekładni 400/min.
- średnica cylindra   300 mm
- skok tłoka   440 mm

◄ Widok na część dziobową krążownika / S. Breyer

◄ Cruiser Leipzig bows / S. Breyer

▲▼ *Leipzig* sfotografowany w III śluzie wejścia do Wilhelmshaven w lipcu 1946 roku / W. Schultz

▲▼ *Cruiser Leipzig in the III lock of the Wilhelmshaven entrance, July 1946* / W. Schultz

Leipzig zakotwiczony w miejscu zatopienia przez Anglików, 11 lipca 1946 roku / S. Breyer

Cruiser Leipzig anchored at the British-designated sinking site, July 11, 1946 / S. Breyer

11 lipca 1946 roku — koniec służby okrętu *Leipzig*. Na zdjęciu holownik *Enak* odpływający na bezpieczną odległość, by uniknąć ewentualnych uszkodzeń w trakcie detonowania ładunków wybuchowych na *Leipzigu* / A. Jarski

July 11, 1946 – end of the service career for the cruiser Leipzig. Towing boat Enak is retreating to safety, to avoid damage by the explosive charges being detonated on board of her / A. Jarski

▼ Działo 8,8 cm L/45 na lawecie C/31 / A. Jarski

▼ *The 8,8 cm L/45 cannon on C/31 mount* / A. Jarski

Bibliografia

1. M. J. Whitley, Deutsche Kreuzer im Zweiten Weltkrieg, Stuttgart 2001
2. G. Koop, K.-P. Schmolke, Die Leichten Kreuzer Königsberg, Karlsruhe, Köln, Leipzig, Nürnberg, Bonn 1994
3. W. Schultz, Kreuzer Leipzig, Stuttgart 1996
4. Vom Original zum Modell: Die Leichten Kreuzer der Königsberg-Klasse, Bonn 1994
5. S. Breyer, Die Kreuzer Leipzig und Nürnberg, Marine-Arsenal, Band 28, Wölfersheim-Berstadt 1994
6. V. Kofman, Germanskie legkie krejsera vtoroj mirovoj vojny, Moskva 1996
7. S. Breyer, G. Koop, Von Emden zur Tirpitz, Bonn 1995
8. E. Gröner, Die deutschen Kriegsschiffe 1815–1936, München, Berlin 1936
9. E. Gröner, Die deutschen Kriegsschiffe 1815–1945, Bd. I, München 1966
10. E. Gröner, Die deutschen Kriegsschiffe 1815–1945, Bd. I, Bonn 1982
11. M. J. Whitley, Cruisers of WW II, London 1995

▶ Gdynia, *Leipzig* przy nabrzeżu francuskim, widok z pokładu krążownika *Prinz Eugen* / M. Skwiot

▶ *Gdynia (Gotenhafen) — cruiser Leipzig at the French Wharf, seen from the board of the heavy cruiser Prinz Eugen* / M. Skwiot

12. W. Lohmann, H. Hildebrand, Die deutsche Kriegsmarine 1939–1945, Bd. I-III, Bad Nauheim 1957–1964
13. H. Hildebrand, A. Röhr, H-O. Steinmetz, Die deutschen Kriegsschiffe, Biographien. Sonderausgabe, Ratingen 1994
14. A.V. Platonov, Sovetskie boevye korabli 1941–1945 gg., tom III: Podvodnye lodki, Sankt-Petersburg 1996
15. H. Harnack, Die deutschen Zerstörer 1934–1945
* Jane's Fighting Ships 1940
* Weyers Taschenbuch der Kriegsflotten 1936, 1940
* Marine Rundschau 1933–1939
* La Revue Maritime 1931–1939

◀ Zdjęcie wykonane z jednego z krążowników typu „K" — pośrodku *Leipzig*, za nim inny okręt typu „K"; początkowy okres służby *Leipziga* / CAW

◀ *Photo taken from one of the K-Class cruisers — Leipzig in the middle, with another K-Class cruiser trailing. This is the early period of cruiser Leipzig service* / CAW

▶ Zdjęcie wykonane prawdopodobnie podczas święta „Kieler-Woche", o czym może świadczyć obecność kajakarzy przy burcie *Leipziga* / CAW

▶ *Cruiser Leipzig with canoeists at her side — this shot was probably taken during the Kieler Woche feast, as the sportsmen were seldom allowed near men-of-war* / CAW

▼ Krążownik *Nürnberg* był jednym z ostatnich niemieckich lekkich krążowników zbudowanych i wcielonych do służby po *Leipzigu*. Jego obszerna monografia jest przygotowywana do druku i ukaże się nakładem wydawnictwa AJ–Press / ADM

▼ *Cruiser Nürnberg was one of the last German light cruisers built and commissioned after the Leipzig. The extensive monograph of this ship will also be published soon by the AJ-Press.* / ADM